W0046838

Aus Gründen der leichteren Lesbarkeit wird die gewohnte männliche Sprachform bei personenbezogenen Substantiven und Pronomen verwendet. Dies impliziert jedoch keine Benachteiligung des weiblichen Geschlechts, sondern soll im Sinne der sprachlichen Vereinfachung als geschlechtsneutral zu verstehen sein.

ClimatePartner.com/53585-1805-1001

Selbstverpflichtung zum nachhaltigen Publizieren
Nicht nur publizistisch, sondern auch als Unternehmen setzt sich der oekom verlag konsequent für Nachhaltigkeit ein. Bei Ausstattung und Produktion der Publikationen orientieren wir uns an höchsten ökologischen Kriterien. Inhalt und Umschlag dieses Buches wurden auf 100 Prozent Recyclingpapier, zertifiziert mit dem FSC®-Siegel und dem Blauen Engel (RAL-UZ 14), gedruckt. Alle durch diese Publikation verursachten CO_2-Emissionen werden durch Investitionen in ein Gold-Standard-Projekt kompensiert. Die Mehrkosten hierfür trägt der Verlag.
Mehr Informationen finden Sie unter: www.oekom.de/unsere-philosophie.

Bibliografische Information der Deutschen Nationalbibliothek: Die Deutsche Nationalbibliothek verzeichnet diese Publikation in der Deutschen Nationalbibliografie; detaillierte bibliografische Daten sind im Internet über http://dnb.d-nb.de abrufbar.

© 2020, oekom verlag München
Gesellschaft für ökologische Kommunikation mbH,
Waltherstraße 29, 80337 München

Umschlaggestaltung: www.buero-jorge-schmidt.de
Umschlagabbildung: Shutterstock
Lektorat: Lena Denu, oekom verlag
Korrektorat: Maike Specht
Layout und Satz: Ines Swoboda, oekom verlag

Druck: Friedrich Pustet GmbH & Co. KG, Regensburg

Alle Rechte vorbehalten
ISBN 978-3-96238-175-2

RECYCLED
Papier aus
Recyclingmaterial
FSC® C014889

Benjamin Eckert, Fabian Eckert

DIE 35-TAGE-CHALLENGE

Dein Weg in ein umweltbewusstes Leben

Ein Gedankenspiel vorweg

Stell dir vor, wir schreiben das Jahr 2060. Es ist September und es hat seit Monaten nicht mehr geregnet. In weiten Teilen Deutschlands verdorrt die Ernte, am Mittelmeer brennt es an allen Ecken und Enden, die Ostküste der USA wird gerade wieder von einem Hurrikane getroffen, in Indien und im Sahel werden Kriege um Wasser geführt, 100 Millionen Menschen sind auf der Flucht. Das alles ist mittlerweile leider normal, und es wurde so auch vorhergesagt: Bei einem Temperaturanstieg von 4 Grad Celsius wird die Erde nicht mehr der Ort sein, den wir einmal kannten.

Aber vielleicht kann es auch (ganz) anders kommen. Vielleicht bekommen wir es hin, dass sich unser Planet »nur« um 1,5 Grad Celsius erwärmt. Auch dann werden wir uns umstellen müssen, auch dann wird die Erde ein anderer Ort sein, aber wir hätten das Schlimmste abgewendet – vielleicht sogar in einem Akt nie für möglich gehaltener globaler Solidarität. Denn um das Jahr 2020 hat die Menschheit endlich begriffen und beginnt mit aller Macht gegenzusteuern. Die Politik ist sich endlich ihrer Verantwortung bewusst, die Unternehmen sind mit im Boot, und die Menschen der westlichen Welt stellen ihr Leben um, machen von allem weniger, sind damit zufrieden – und Vorbild für denjenigen Teil der Welt, der sich bis dato anschickt, es uns gleichzutun (gemeint sind u. a. die aufstrebenden »Schwellenländer« China, Brasilien und Indien). Was für eine Erfolgsgeschichte!

Was wir mit diesen wenigen Zeilen sagen wollen: Es ist erlaubt (und sogar nötig!) zu träumen – wir können alle etwas tun, und es ist nicht zu spät!

Ein erster Schritt in die richtige Richtung könnte dieses Buch sein, darüber würden wir uns natürlich sehr freuen. Es wäre schön, wenn wir in den nächsten Tagen gemeinsam ein paar Schritte in Richtung »anders leben« gehen könnten. Unser gemeinsames Ziel ist es, durch verschiedene Challenges einen bewussten Umgang mit den vorhandenen Ressourcen einzuüben. Zugleich kann man dabei gesünder und fitter werden – nicht die schlechteste Voraussetzung, wenn man sein

Leben komplett umkrempeln will. Dabei versuchen wir nicht nur einzelne Aufgaben abzuarbeiten, sondern werden immer weitere Multiplikatoren schaffen, die den Wert einer einzelnen Aufgabe deutlich steigern. Die Aufgaben sind so gestaltet, dass sowohl Anfänger als auch Fortgeschrittene direkt einsteigen können.

Doch bevor wir mit dem Praxisteil und der 35-Tage-Challenge beginnen, wollen wir dir im Theorieteil noch ein wenig Basiswissen vermitteln. Lass uns loslegen!

Der Klimawandel und seine Folgen

Warum ist Klimaschutz so wichtig?
Ganz kurz gesagt wäre die Antwort: weil
der Klimawandel gefährlich ist. Doch ganz
so kurz soll diese Einführung nicht sein,
daher holen wir etwas aus.

Risiken für die Menschheit

Wenn wir weitermachen wie bisher, gilt ein Temperaturanstieg von 3 bis 4 Grad Celsius als wahrscheinlich. Politik und Wissenschaft haben sich 2015 beim Pariser Klimaschutzabkommen auf das Ziel festgelegt, die Erderwärmung auf 1,5 Grad Celsius zu beschränken. Dies kann als Kompromiss angesehen werden, bei dem die Folgen des Klimawandels auf einem akzeptablen Maß gehalten werden.

Doch bereits eine Erwärmung von 1,5 Grad Celsius birgt große Risiken für die Menschheit. Denn die Erde ist kein lineares System. Werden bestimmte Schwellenwerte überschritten, kann es schnell außer Kontrolle geraten – mit verheerenden Folgen. Dass wir Menschen, vor allem der westlichen Welt, maßgeblich für den aktuellen Klimawandel verantwortlich sind, ist mittlerweile jedem bekannt. Daher müssen wir uns auch dafür einsetzen, die CO_2-Emissionen in kürzester Zeit möglichst drastisch zurückzufahren – für eine intakte Natur, eine lebenswerte Zukunft und vor allem für zukünftige Generationen, die den Klimawandel mit noch größerer Wucht zu spüren bekommen werden als wir.

CO_2 – das Klimagas

Die Hauptursache für die Erderwärmung liegt in der Verbrennung fossiler Energieträger. Aber auch Landnutzungsänderungen, wie z. B. Rodung oder intensive Landwirtschaft, sind für 15 Prozent der CO_2-Emissionen verantwortlich.[1] CO_2 ist dabei nicht das einzige schädliche »Klimagas«. Methan, das z. B. aus der Verdauung von Wiederkäuern entsteht, Lachgas, das u. a. durch Düngung freigesetzt wird, oder andere Gase haben sogar eine höhere Klimawirkung, werden aber nicht in der gleichen Größenordnung freigesetzt. Zusammen erzeugen die Gase den sogenannten Treibhauseffekt: Energie trifft in Form von Sonnenstrahlen auf die Erde. Diese hochenergetische Strahlung wird zu einem Teil von der Erde reflektiert und ins All zurückgeschickt, der Rest wird auf der Erde in Wärme umgesetzt. Wärme ist ebenfalls eine Strahlung, nur langwelliger. Die Erde gibt diese wieder ab. Ein Teil der Wärmestrahlung gelangt ins Weltall, der andere Teil wird an der Atmosphäre reflektiert und bleibt auf der Erde. Dieser natürliche Treibhauseffekt ermöglicht überhaupt Leben auf der Erde. Je mehr Treibhausgase aber in der Atmo-

sphäre sind, desto weniger Strahlung kann abgegeben werden, und die Erde erhitzt sich zusätzlich. Der CO_2-Gehalt der Atmosphäre ist so hoch wie seit einigen Millionen Jahren nicht mehr. Auch wenn wir heute die CO_2-Emissionen stoppen würden, verbliebe das bereits emittierte CO_2 bis zu 1000 Jahre lang in der Atmosphäre. Wir dürfen also nicht annehmen, dass ein Ausstieg aus der Verbrennung fossiler Rohstoffe mit einem Rückgang der Erderwärmung einhergeht, da das bereits entstandene CO_2 sich nicht in Luft auflösen kann. Das höchste Gebot im Klimaschutz ist also die Menge an CO_2 schnellstmöglich zu reduzieren.[1]

Nun ist die Klimaerwärmung jedoch bereits Realität. Wir verzeichnen heute eine Erwärmung von 1,0 Grad Celsius der globalen Oberflächentemperatur.[2] Wollen wir das 1,5-Grad-Celsius-Ziel erreichen, müssen wir also sofort handeln. »Wir«, das sind nicht nur Politiker und Unternehmer – wir, das sind wir alle. Mit anderen Worten: Bleiben wir bei unseren Konsumgewohnheiten, fliegen wir weiterhin kreuz und quer durch die Welt, fahren mit immer größeren Autos und essen große Mengen Fleisch, dann setzen wir immer mehr Kohlendioxid frei, und die Erde wird wärmer und wärmer.

Wo stehen wir heute beim CO_2?

Deutschland war einmal Energiewendevorreiterland, heute kann das nicht mehr so gesehen werden. Der Verkehrssektor liegt beispielsweise immer noch auf dem Niveau wie vor 30 Jahren. Zwar konnten wir 2018 eine Reduktion der CO_2-Emissionen um 4,2 Prozent verzeichnen, doch das war – neben den erneuerbaren Energien – auch dem milden Winter zu verdanken.

Bei einer Weltbevölkerung von 8 Milliarden Menschen gilt ein Budget von 2,3 Tonnen CO_2 pro Jahr und Person als klimaverträglich.[21] Derzeit benötigt ein deutscher Bundesbürger im Schnitt 10 bis 11 Tonnen pro Jahr. Zum Vergleich: Ein chinesischer Bürger benötigte im Jahr 2016 6,57 Tonnen CO_2.[3] Um im Klimaschutz endlich wieder einen Satz nach vorne zu machen, brauchen wir sowohl eine echte, umfassende Energiewende als auch einen anderen Lebensstil. Hier wieder zu Vorreitern zu werden ist doch eine schöne Herausforderung!

CO$_2$-Emissionen ab 2000 bis 2017 mit Blick in die Zukunft auf die Ziele der Welt[2,32]

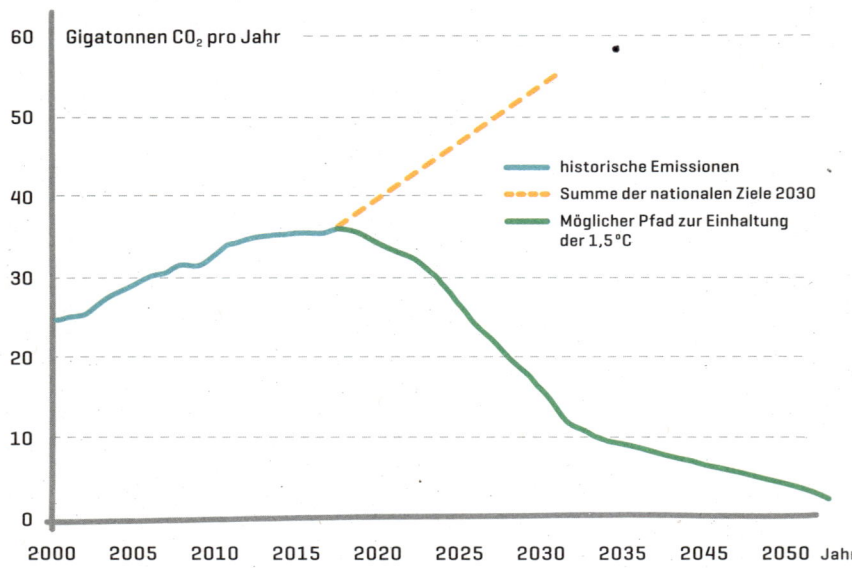

Global gesehen wurde in Sachen Klimaschutz bis auf nicht erfüllte Abkommen wenig erreicht. Zwar kann das Abkommen 2015 in Paris als Erfolg verbucht werden, aber ohne Einhaltung haben die Zusagen wenig Bedeutung. Zwischen 2000 und 2017 verzeichneten wir einen durchschnittlichen Anstieg der CO_2-Emissionen um 2,3 Prozent pro Jahr auf aktuell etwa 36 Gigatonnen pro Jahr (siehe Abbildung links, blaue Linie). Wollen wir eine Temperaturerhöhung um mehr als 1,5 Grad Celsius vermeiden, steht uns bis 2050 noch ein CO_2-Budget von 500 Gigatonnen zur Verfügung.[2] Die orangene Kurve in der linken Abbildung ist eine Projektion des Emissionspfades, basierend auf den Zielen der Staaten bis 2030. Demgegenüber zeigt die grüne Kurve einen tatsächlich notwendigen Pfad, der die globale Erwärmung auf 1,5 Grad Celsius beschränkt. Die Schere zwischen den Kurven klafft weit auseinander und verdeutlicht eindrücklich, wo wir stehen und was geschehen muss.

Folgen der Temperaturerhöhung, Kernprobleme für den Menschen

Schmelzende Gletscher, steigende Meeresspiegel, immer mehr Dürren, heftige Unwetter. Die Liste der Folgen einer Temperaturerhöhung ist so lang wie hinreichend bekannt. Bis vor Kurzem waren vor allem entfernte Regionen betroffen. Doch mittlerweile spüren wir auch in Deutschland, was »Klimawandel« bedeutet: Es wird nämlich nicht nur einfach wärmer, es wird trockener. Im Dürresommer 2018 war es so trocken, dass die Ernten der Bauern weit hinter dem Üblichen zurückblieben, der Pegel des Rheins zu niedrig für die Schifffahrt war und konventionelle Kraftwerke des Öfteren ihre Leistung drosseln mussten, da die aufgewärmten Flüsse nicht ausreichend Kühlwasser zur Verfügung stellen konnten.

Vor allem Städte werden in Zukunft stark unter den Folgen des Klimawandels leiden. Zum einen liegen viele an Küsten, die stark von der Erhöhung des Meeresspiegels betroffen sein werden.[2] Zum anderen wird der Mangel an Süßwasser vor allem die bevölkerungsreichen Städte treffen. In Europa wird es vor allem der Mittelmeerraum sein. Wassermangel wird hier zu einer Abnahme der Ernteerträge führen. In Nordeuropa ist derweil mit einem stärkeren Aufkommen von Schädlin-

gen und Pflanzenkrankheiten zu rechnen. Auch die Tourismusbranche wird sich umstellen müssen, wenn der Süden zu heiß wird – an Skitourismus wird auf lange Sicht gar nicht mehr zu denken sein. Der Klimawandel kann somit die Existenzgrundlage vieler Menschen zerstören, Krisenanfälligkeit und die Gewaltbereitschaft werden steigen – bereits 2012 waren schätzungsweise 32 Millionen Menschen aufgrund von Wetterextremen oder anderen Umweltkatastrophen auf der Flucht.[1] Schließlich werden auch unser Wohlbefinden und unsere Gesundheit stark beansprucht werden. Hitzetote waren in den vergangenen Sommern bereits keine Seltenheit mehr, und Infektionskrankheiten werden zunehmen.[1]

Was können wir tun?

Angesichts dieser Aussichten ist es höchste Zeit, drastische und durchgreifende Maßnahmen zu ergreifen. Da es die Politik allein nicht richten kann (und will), springen wir Bürgerinnen und Bürger ein – und stellen unser Leben um. Das ist nicht einfach, denn es heißt, mit lieb gewonnenen Gewohnheiten zu brechen. Aber es ist auch nicht unmöglich.

Reduktion energiebedingter Emissionen

Der Klimawandel wird vor allem durch die energiebedingten Emissionen angeheizt. 24 Prozent davon fallen auf den Transportsektor, 31 Prozent auf Gebäude (Strom, Heizung) und 45 Prozent auf die Industrie. Im Bereich Energie können wir die CO_2-Emissionen wie folgt reduzieren:[1]

- Komplette Umstellung auf *erneuerbare Energien*
- *Energieeffizienz*
- *Energie- und Konsumeinsparung (Suffizienz)*

In der öffentlichen Diskussion wird dem letzten Punkt zu wenig Beachtung geschenkt, obwohl dies der wichtigste und einfachste wäre. Wir müssen nicht Unmengen von Geld für den Bau neuer, klimafreundlicher Energieerzeugungsanlagen ausgeben, wenn wir einfach weniger Energie verbrauchen. Wir müssen nicht neu bauen, wenn wir mit weniger Wohnfläche auskommen. Und die angedachte E-Mobilität? Ist zumindest in den Städten auch nicht nötig, da es den öffentlichen Nahverkehr gibt oder mit dem Fahrrad von A nach B gefahren werden kann.

Stattdessen fokussieren sich Politik und Wirtschaft auf die beiden erstgenannten Punkte, weil davon die alten Profiteure weiterhin profitieren und sich niemand umstellen muss – vermeintlich, denn eine Umstellung ist unumgänglich, und es macht sehr wohl einen Unterschied, ob wir sie jetzt noch steuern können (transformation by design) oder ob wir in ein paar Jahren »gesteuert« werden (transformation by desaster).

Reduktion der Emissionen aus der Landnutzung
und Landwirtschaft

Die Land- und Forstwirtschaft sowie Landnutzungsänderungen zeichnen sich für 25 Prozent der globalen Treibhausgasemissionen verantwortlich, vor allem Abholzung, Bodenbewirtschaftung und Düngung sind hier zu nennen. Wiederum gibt es drei grundsätzliche Möglichkeiten anzusetzen:

- mit der Umstellung auf Bio-Lebensmittel *(erneuerbar/nachhaltig)*,
- der Vermeidung von Lebensmittelabfällen *(Effizienz)* und
- der Reduzierung von bzw. dem Verzicht auf tierische Lebensmittel *(Suffizienz)*.

Auch hier liegt der Fokus auf den beiden erstgenannten Punkten, obwohl der dritte der effektivste wäre.

Geoengineering als Lösung?

Je länger wir warten, desto wahrscheinlicher und notwendiger werden drastische Maßnahmen wie Geoengineering. Da wird z. B. über Sonnensegel im All zur Verringerung der Sonneneinstrahlung auf die Erde nachgedacht oder über eine Abscheidung von CO_2 aus der Luft und seine Speicherung in der Erde. Viele dieser Maßnahmen und Eingriffe sind höchst umstritten, weil riskant oder nicht finanzierbar, sodass wir über andere Maßnahmen nachdenken sollten – etwa darüber, an den Ursachen anzusetzen. Machen wir uns also die Welt nicht so, wie sie uns gefällt – ändern wir uns, und passen wir uns an die Gegebenheiten an.

Ein Umdenken ist notwendig

Ein Weiter-wie-bisher steht also gar nicht zur Diskussion – und wäre darüber hinaus ethisch fragwürdig. Stellen wir also unseren Lebensstil um, und das in allen Bereichen: bei Ernährung, Strom, Wärme, Verkehr, Konsum und Landnutzung. Dieses Buch zeigt Wege, wie ein klimafreundliches Leben aussehen kann. Je eher wir damit beginnen, desto leichter wird es und desto weniger drastisch fallen die Folgen aus. Und: Man erlebt, wie wirksam sein eigenes Handeln ist, wenn man bei sich anfängt und nicht von anderen abhängig ist.

Ein klimaverträglicher Lebensstil

Natürlich kann Klimaschutz nicht funktionieren, wenn sich nur wenige daran beteiligen und die Mehrheit weiterhin verschwenderisch mit den Ressourcen umgeht. Deshalb ist es wichtig, andere mitzunehmen, und das klappt am besten, wenn man eine gewisse »Vorbildfunktion« erfüllt und der neue Lebensstil so attraktiv wirkt, dass andere mitmachen wollen. Unser Programm sieht daher nicht nur eine nachhaltige Lebensweise im engeren Sinne vor, es geht auch um deine Gesundheit, deinen beruflichen Alltag, deine weiteren Ziele und um deren Verwirklichung.

Leben in der Aufwärtsspirale

Konntest du schon einmal abends nicht richtig ein- bzw. durchschlafen, weil dir ein schweres Essen im Magen lag? Schlechte Ernährung begünstigt schlechten Schlaf. Du kommst morgens nicht in die Gänge und brauchst erst mal Koffein. Nach dem (fettreichen) Mittagsessen (z.B. Currywurst) hängst du nachmittags durch, da der Körper mit der Verdauung kämpft. Dem Gehirn, unserem Hauptenergieverbraucher, kann nicht die nötige Energie zur Verfügung gestellt werden (Foodkoma). Du versuchst, dich mit Süßem und weiterem Koffein zu pushen. Der Effekt lässt aber schnell nach. Abends bist du geschlaucht und verspürst keine Lust zu kochen, geschweige denn, dich für den geplanten Sport zu motivieren. Stattdessen schläfst du nach einiger Zeit vor dem Fernseher ein. Der Schlaf ist aufgrund mangelnder Bewegung erneut nicht erholsam (guter Schlaf ist die Voraussetzung für guten Sport, Bewegung ist die Voraussetzung für guten Schlaf). Du kommst nicht in den Tiefschlaf, der für den Organismus so wichtig ist. Am nächsten Morgen geht es genauso weiter, und so schleppst du dich durch die Woche und sehnst das Wochenende herbei.

Ernährst du dich aber gesund, gibst du deinem Körper die Energie, die er braucht. Du wirst wacher und spürbar leistungsfähiger und benötigst nur wenig bzw. gar kein Koffein. Abends findest du nach dem selbstgekochten Abendessen sogar noch Zeit, eine Runde zu laufen. Du spürst die Anstrengung, aber dein Geist ist wach. Danach hast du Lust, weiter an deinem Buch zu lesen, und schläfst frei von (bedrückenden) Gedanken ein. Kurzum: Auf diese Weise machst du keine Schulden mehr bei deinem zukünftigen Ich. Du wirst Zeit und Energie finden, die wichtigen Dinge in deinem Leben anzugehen, entwickelst im besten Fall mehr Selbstvertrauen und triffst so auch Entscheidungen, die nicht deinem Umfeld geschuldet sind, sondern aus deinen eigenen intrinsischen Bedürfnissen und Träumen erwachsen.

Drehe einfach den Schalter um, der aus der geschilderten Abwärtsspirale eine Aufwärtsspirale macht, und du wirst ein Leben lang dafür dankbar sein. Gesunde Ernährung ermöglicht mehr Sport, der wiederum die Motivation steigert, sich gesünder zu ernähren, und den Schlaf verbessert. Besserer Schlaf und eine ausgewogene Ernährung lassen Schwächephasen (Müdigkeit, körperliche Beschwerden, Heißhunger-

attacken, Stress etc.) gar nicht erst aufkommen. Ohne Schwächephasen setzt du deine Vorsätze auch leichter um.

Bewegung, Erholung und Ernährung – diese drei Elemente kannst du also ganz einfach positiv beeinflussen. Ihr Zusammenspiel kann sowohl für dich als auch für die Umwelt erhebliche Vorteile bringen. Um Ernährung und Bewegung geht es nun im Detail – um die Erholung musst du dich dann selbst kümmern …

Umweltfreundlich(st)e Ernährungsweise

Ernährung spielt in diesem Buch eine zentrale Rolle, und das hat gute Gründe:

- Nahrungsmittel sind für 25 Prozent der globalen CO_2-Emissionen verantwortlich (hier sind der energieintensive Transport, die Lagerung oder die Verarbeitung der Lebensmittel und die endgültige Zubereitung nicht eingerechnet).
- Eine pflanzenbasierte Ernährung gibt Landflächen frei, die für Aufforstung oder die vermehrte Nutzung von nachhaltigem

Bio-Treibstoff verwendet werden können. Der globale CO_2-Verbrauch der Land- und Forstwirtschaft könnte so drastisch reduziert werden.

- Die intensive Landwirtschaft ist Hauptverursacher des Artensterbens.
- Ein Großteil des weltweiten Plastikmülls geht auf die Nahrungsmittelindustrie zurück.
- Der Regenwald wird für unseren steigenden Bedarf nach Fleisch und Palmöl gerodet.
- Die Weltmeere werden überfischt.
- Nahrung ist der Treibstoff des nachhaltigsten Verkehrsmittels, des Fahrrads.
- Bei gesunder Ernährung müssen weniger Medikamente und Nahrungsergänzungsmittel eingenommen werden.
- Selbst zu kochen ist eine günstige und klimafreundliche Alternative, Zeit zu verbringen.

- Gesundes Essen lässt uns besser schlafen und führt zu einer erhöhten Leistungsfähigkeit.
- Essen spielt eine große Rolle in unserem Leben.
- Gutes Essen macht glücklich und bringt Menschen zusammen.

Ernährungsweisen im Vergleich

Durch die Umstellung auf Bio-Lebensmittel kannst du einen wichtigen Schritt in Sachen Klimaschutz machen. Bio-Lebensmittel sind aber nicht automatisch klimafreundlich, wenn sie mit Plastik verpackt sind oder aus Übersee kommen. Mit der Umstellung auf eine saisonale, regionale und pflanzenbasierte Ernährung startest du gleich richtig durch. Die Tabelle unten zeigt die Auswirkungen verschiedener Ernährungsweisen sowie den Einfluss von Bio-Anbau, Regionalität und Saisonalität. Steigt etwa ein Fleischesser auf eine vegetarische Ernährung mit Fokus auf Regionalität um, spart dieser 44 Prozent seiner ernährungsbedingten CO_2-Emissionen ein.

Einsparung an CO_2-Emissionen durch eine Änderung der Ernährungsweise anstatt einer fleischbetonten Ernährung ohne jeglichen Fokus auf bio, Regionalität oder Saisonalität.[4]

	Schwerpunkt keiner	Schwerpunkt bio	Schwerpunkt regional	Schwerpunkt saisonal	Schwerpunkt auf alles
fleischbetont	0 %	3 %	5 %	5 %	10 %
Flexitarier	24 %	27 %	28 %	28 %	32 %
vegetarisch	41 %	43 %	44 %	44 %	46 %
vegan	52 %	54 %	54 %	54 %	57 %

Klimawirkung von Lebensmitteln

Wie du sehen kannst, passen Fleisch und Klimaschutz nicht recht zusammen. Die Abbildung auf Seite 24 zeigt die CO_2-Emissionen, die durch verschiedene Nahrungsmittel entstehen.

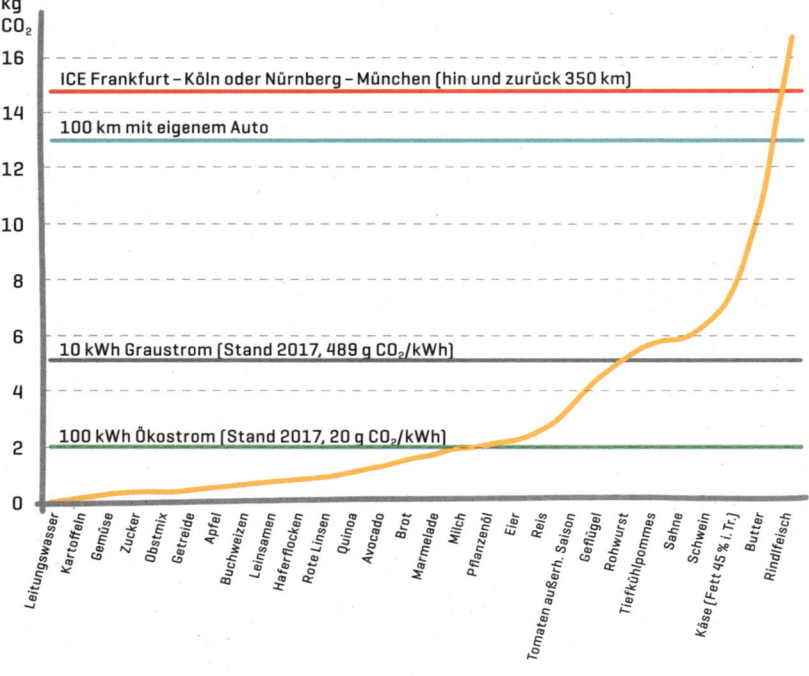

Kilogramm CO₂-Emissionen pro Kilogramm Lebensmittel[5]

Diagramm mit y-Achse "kg CO₂" von 0 bis 16.

ICE Frankfurt – Köln oder Nürnberg – München (hin und zurück 350 km)

100 km mit eigenem Auto

10 kWh Graustrom (Stand 2017, 489 g CO₂/kWh)

100 kWh Ökostrom (Stand 2017, 20 g CO₂/kWh)

x-Achsenbeschriftung: Leitungswasser, Kartoffeln, Gemüse, Zucker, Obstmix, Getreide, Apfel, Buchweizen, Leinsamen, Haferflocken, Rote Linsen, Quinoa, Avocado, Brot, Marmelade, Milch, Pflanzenöl, Eier, Reis, Tomaten außerh. Saison, Geflügel, Rohwurst, Tiefkühlpommes, Sahne, Schwein, Käse (Fett 45 % i. Tr.), Butter, Rindfleisch

Um die Tragweite einer fleischbetonten Ernährung aufzuzeigen, sind Emissionen aus den Bereichen Strom und Mobilität eingezeichnet, und siehe da: Ein Kilo Rindfleisch ist klimaschädlicher als eine ICE-Fahrt von Nürnberg nach München hin und zurück. Kühe brauchen viel Futter und erzeugen viel Methan, weshalb auch Milchprodukte kritisch zu betrachten sind. Andere Fleischsorten schneiden zwar besser ab, sind aber trotzdem nicht klimafreundlich. Weitere Aspekte wie die nicht artgerechte Haltung sowie eine Nitratbelastung des Grundwassers durch Gülleausbringung sind dabei noch gar nicht berücksichtigt. Unser Fazit: Je frischer das Lebensmittel ist (d.h. regional, saisonal, unverarbeitet) und je mehr Pflanzliches auf den Tisch kommt, umso besser.

Pflanzenbasierte Vollwertkost

Die hier empfohlene Ernährung fußt auf der Thrive-Diät des bekannten Triathleten Brandon Brazier. Wir haben aber ein paar Anpassungen unternommen, damit alle Speisen und Getränke sowohl im Einklang mit dieser Ernährungsweise als auch mit den in Deutschland erhältlichen saisonalen und regionalen Obst- und Gemüsesorten stehen. Siehe hierzu: »Die 50 besten Lebensmittel« (Seite 144–150).

Die im Buch beschriebene Ernährungsweise ist lediglich unsere Empfehlung. Wer mehr wissen möchte über vegane Ernährung, Säure-Base-Haushalt oder Sporternährung, findet genügend weitere Literatur. Um Mangelerscheinungen zu vermeiden, sollte man sich unbedingt auch mit den möglichen Risiken einer veganen Ernährungsweise auseinandersetzen. Vitamin B12 etwa ist in pflanzlichen Lebensmitteln meist nicht oder nur in geringen Mengen vorhanden und sollte daher supplementiert werden. Bloßes Weglassen von Fleisch, Milchprodukten oder Eiern aus in Deutschland üblichen Gerichten oder vegane Fertiggerichte sind für eine vollständige Nährstoffaufnahme nicht ausreichend. Daher sei hier ausdrücklich ein langsamer Übergang zu einer fleischreduzierten bis hin zu einer pflanzlichen Vollwertkost[1] empfohlen – auch um mit den neuen Lebensmitteln und Aromen vertraut zu werden und zu

---

[1]   »Nahrungsmittel, denen bei der Verarbeitung keine Teile entnommen wurden, werden als Vollwertkost bezeichnet. Zur Vollwertkost zählen auch Nahrungsmittel in ihrem natürlichen Zustand, wie Obst und Gemüse.« Aus: Brazier, B. (2016): Vegan in Topform – das Kochbuch. 200 pflanzliche Rezepte für optimale Leistung und Gesundheit. Unimedica, Kandern.

lernen, worauf zu achten ist und wo welche Nährstoffe enthalten sind. Auch der Körper benötigt eine gewisse Zeit, um sich an neue Lebensmittel zu gewöhnen und sich anzupassen, etwa an den erhöhten Rohkostanteil, den steigenden Anteil an Ballaststoffen, aber auch an den vermehrten Einsatz von Hülsenfrüchten.

Klimawirkung von Getränken

Für Getränke gibt es ebenfalls Empfehlungen. Da eine nährstoffreiche Ernährung empfohlen wird, gehen wir auf Softdrinks nicht näher ein. Da sich ein Liter Wasser nur schwer mit einem Liter Kaffee vergleichen lässt, werden die unterschiedlichen Getränke in der folgenden Abbildung auf Basis des durchschnittlichen jährlichen Pro-Kopf-Konsums verglichen. Bei Wasser werden, wie von uns für eine gesunde Lebensweise empfohlen, drei Liter pro Tag angesetzt. Während Wein und Bier als Genussmittel noch ganz gut abschneiden, sollte für Milch eine pflanzliche Alternative, z. B. Sojamilch, eingesetzt werden. Kaffee sollte ebenfalls

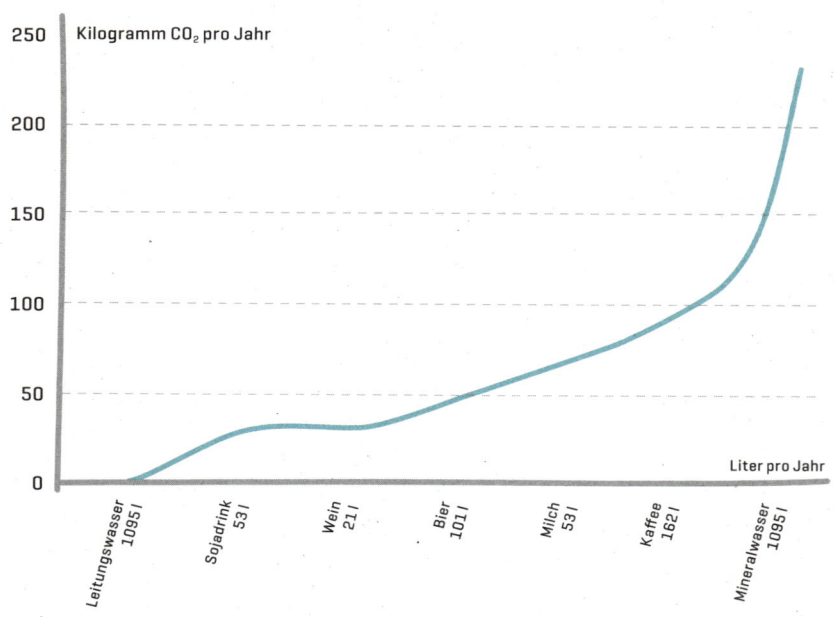

Klimawirkung von Getränken bei einem durchschnittlichen Pro-Kopf-Jahresverbrauch in Deutschland [5, 16–19]

höchstens als Genussmittel dienen. Überraschend ist, welche Folgen der Konsum von Wasser aus der Flasche für das Klima haben kann. Da Leitungswasser das in Deutschland am besten kontrollierte Lebensmittel ist, ist es völlig unproblematisch, darauf zurückzugreifen. Es ist tatsächlich so: Mit unserem durchschnittlichen Kaffeekonsum und mit Wasser aus der Flasche haben wir bereits 15 Prozent unseres klimafreundlichen Budgets aufgebraucht.

Vorteile der empfohlenen Ernährungsweise im Überblick

Die in diesem Buch unterstützte Ernährungsweise ist

> die umweltfreundlichste,

> sozialverträglich und ohne Tierleid,

> gesund,

> entzündungshemmend,

> günstig und

> wenig flächenintensiv.

Eine selbstbestimmte Lebensweise

Hunderte Informationen prasseln tagtäglich auf uns ein, immer und überall sind wir erreichbar, und wir stressen uns umso mehr im Spagat zwischen Arbeits- und Privatleben. Dabei kommt genau das, was eigentlich am wichtigsten ist, viel zu kurz: selbstbestimmte Zeit.

Informationsüberfluss

Es gibt so viele Bücher über Umweltschutz und über den Klimawandel und seine Auswirkungen, dass man sich manchmal wirklich fragt, warum ein Land wie Deutschland seine gesteckten Ziele in Sachen Klimaschutz alljährlich nicht erreicht. Wir leben in einer Welt, in der alle Informationen jederzeit verfügbar sind – Social-Media-Kanäle überfluten uns mit unwichtigen Details und rauben unsere Zeit. Die Kunst ist, mit der steigenden Flut an Informationen umzugehen und herauszufiltern, welche wichtig sind und welche nicht. Der menschliche Organismus ist nicht darauf ausgelegt, viele Informationen gleichzeitig aufzunehmen (Stichwort: Multitasking), und ist schnell überfordert. Daher ist es ratsam, Informationsquellen zu reduzieren und sich auf die wichtigsten zu fokussieren.

Stückweise verarbeitet, kann das menschliche Gehirn jedoch neue Informationen verinnerlichen. Daher ist das Ziel dieses Buches, dich mit den Challenges häppchenweise an das Thema Umweltschutz heranzuführen, um die Informationen langsam, aber nachhaltig abzuspeichern. Es spielt eine erhebliche Rolle, ob all die Informationen am Ende auch in deiner Lebenspraxis zum Einsatz kommen. Denn »Informationen kennen ist nicht dasselbe wie Informationen verinnerlichen und konsequent danach handeln. Information ohne anschließendes Handeln ist Armut.«[20] Dieses Buch will daher nicht nur wichtige Informationen liefern, es will, dass diese über einen spielerischen Ansatz in Handeln übergehen.

Sei du selbst die Veränderung

Warte nicht auf eine Veränderung, die durch die Politik oder die Wirtschaft hervorgerufen wird. Dies wird nicht passieren, und wenn doch, viel zu spät. Sei also selbst die Veränderung, und handle frei nach Immanuel Kant: »… nur nach derjenigen Maxime, durch die du zugleich wollen kannst, dass sie ein allgemeines Gesetz werde.« Du wirst feststellen, dass du einen größeren Beitrag für die Gesellschaft leisten kannst, als du gedacht hast. Versuche dabei nicht, andere zu überreden, denn Worte können nicht nachhaltig überzeugen – deine Taten aber schon! Werde zum Vorbild für andere. Jeder hat besondere Eigenschaften. Richtig hervorgeholt, können diese andere inspirieren und nachhaltig beeinflussen, ohne dass du nur ein Wort darüber verloren hast.

Wenn du mit anderen redest, versuche nicht, ihnen zu sagen, was sie falsch machen. Erzähle lieber, welche positiven Auswirkungen gewisse Änderungen in deinem Leben hervorgerufen haben, und du wirst feststellen, wie die betreffende Person Interesse zeigt. Sobald du berichtest, was deine Ernährungsweise alles verändert hat, wie leistungsfähig du geworden bist, wie gut du schläfst und welche Fortschritte du beim Sport machst, werden alle hellhörig. Du wirst sehen, dass Umweltschutz am Ende nicht nur notwendig ist, sondern sogar Spaß macht!

Nachhaltiges Selbstmanagement

Wer sich mit dem Thema Zeitmanagement befasst, wird unweigerlich auf das sogenannte Eisenhowerprinzip stoßen. Dort werden in einer Matrix alle Aufgaben in vier Kategorien erfasst und nach Wichtigkeit und Dringlichkeit eingruppiert. Dabei stellen alle vier Quadranten der Matrix 100 Prozent deiner Zeit dar. Dieses Prinzip kann auf uns selbst und auf Situationen im Alltag übertragen werden. Aus der Matrix lässt sich ableiten, warum wir uns zu wenig mit Umweltschutz oder anderen wichtigen Dingen (wie Gesundheit oder Familie) beschäftigen und wir zudem der Meinung sind, zu wenig Zeit zu haben, und ständig gestresst sind.

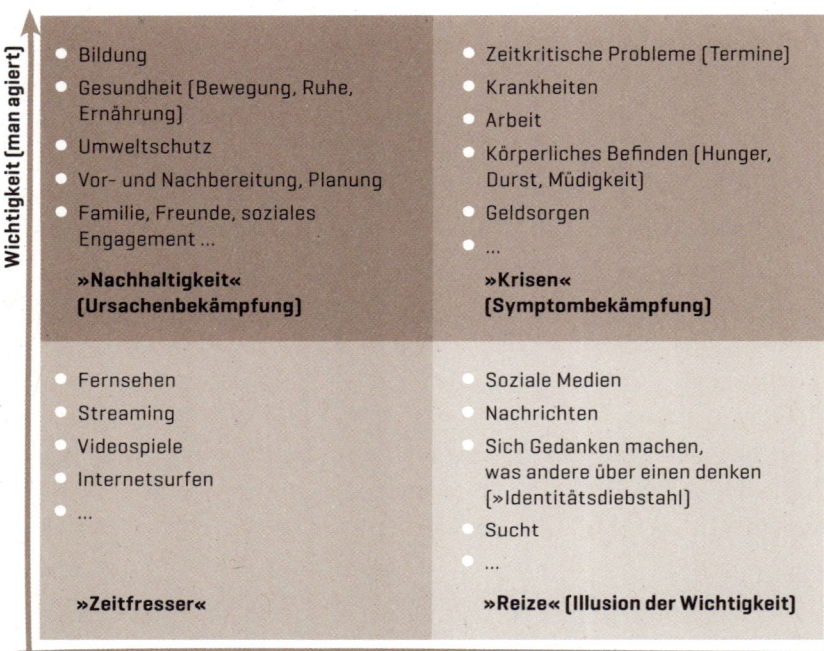

Das Eisenhowerprinzip[45]

Wichtigkeit (man agiert) →

- Bildung
- Gesundheit (Bewegung, Ruhe, Ernährung)
- Umweltschutz
- Vor- und Nachbereitung, Planung
- Familie, Freunde, soziales Engagement ...

»Nachhaltigkeit«
(Ursachenbekämpfung)

- Zeitkritische Probleme (Termine)
- Krankheiten
- Arbeit
- Körperliches Befinden (Hunger, Durst, Müdigkeit)
- Geldsorgen
- ...

»Krisen«
(Symptombekämpfung)

- Fernsehen
- Streaming
- Videospiele
- Internetsurfen
- ...

»Zeitfresser«

- Soziale Medien
- Nachrichten
- Sich Gedanken machen, was andere über einen denken (»Identitätsdiebstahl)
- Sucht
- ...

»Reize« (Illusion der Wichtigkeit)

Dringlichkeit (verursacht Stress > man reagiert) →

Die Abbildung zeigt alltägliche Dinge, auf die wir unsere Zeit und Energie verwenden. Unten links befinden sich einfache (wenig wichtige und dringliche) Situationen des Alltags. Rechts unten sind Situationen zu finden, die zwar dringlich, deren Erfüllung aber nicht unbedingt wichtig sind – soziale Medien liefern uns nur sehr selten wichtige Informationen, geben uns aber das Gefühl, dass wir etwas verpassen, wenn wir nicht regelmäßig dabei sind. Leider ist unser Alltag oft mit Reizen überflutet, oder wir verwenden zu viel Zeit und Energie auf Zeitfresser. Am Ende lassen wir die wirklich wichtigen Aufgaben des Lebens so lange links liegen, bis sie uns auf die Füße fallen. Wenn wir dieses Prinzip nicht erkennen, werden wir in Bezug auf den Schutz der Umwelt so lange warten, bis es nicht nur wichtig ist, sondern auch dringlich (etwa wenn wir die unmittelbaren Folgen des Klimawandels spüren). Wir müssen demnach jetzt agieren, damit wir letztendlich nicht nur noch reagieren können.

Rechts oben sind im klassischen Zeitmanagement Aufgaben, die sofort anzugehen sind, da sie bald zu erledigen und gleichzeitig wichtig sind. Befinden sich viele deiner Lebenssituationen in diesem Quadranten, reagierst du auf »Krisen«. Wir löschen das Feuer, aber nicht den Brandherd, anders ausgedrückt: Wir bekämpfen Symptome statt Ursachen. Bei der Entscheidungsfindung werden meist Lösungen gewählt, die die Krise lindern, aber nicht zwingend logisch (nachhaltig) sind. Medikamente helfen gegen Bluthochdruck, Klimaanlagen gegen Hitze – nachhaltiger wäre es, man würde die Ursachen bekämpfen.

Werde also zu einem nachhaltig lebenden Menschen, indem du erkennst, dass du zu viel Zeit im Alltag mit unwichtigen Dingen verschwendest oder zu lange wartest. Der Fokus auf die wichtigen, aber nicht dringlichen Handlungen ist anfangs mühsam, da der Nutzen zunächst gering scheint. Je länger du dich aber mit diesen Tätigkeiten beschäftigst und je mehr Zeit du dafür aufwendest, desto größer wird dieser Nutzen. Einen Euro zu sparen bringt wenig, 1000-mal einen Euro zu sparen hingegen schon. Den ersten Schritt zu tun kostet Überwindung, den Verlockungen des Alltages zu widerstehen ist nicht leicht, wirklich spürbarer Erfolg lässt auf sich warten. Auf lange Sicht lohnt es sich aber allemal. Denn: An den Aufgaben und Lebenssituationen im linken oberen Quadranten wirst du wachsen, sie prägen dich, denn dort sind die Ziele, Werte und Prinzipien deines Lebens zu finden. Um wirklich nachhaltig in allen Belangen des Lebens zu leben, solltest du Energien aus den anderen Quadranten abziehen und diesen Quadranten wachsen lassen. Um dies zu erleichtern, bedienen wir uns eines Hilfsmittels aus dem klassischen Zeitmanagement, nämlich des Kalenders. Versuche also, diese Aufgaben aktiv in deinen Alltag zu integrieren. Plane dir immer wieder Zeiten für die wirklich wichtigen Aufgaben deines Lebens ein, und halte dich daran.

Übrigens: Es ist natürlich überhaupt nichts Verwerfliches daran, seine Zeit mit Zeitfressern zu verbringen oder sich Reizen hinzugeben. Es sollte nur nicht deine gesamte Freizeit verschlingen. Du kannst dich auch ganz bewusst den Reizen hingeben. Du wirst am Ende feststellen, dass diese eben nur Reize sind und du dich bewusst dagegen entscheiden kannst, weil du weißt, dass es dir am Ende guttut.

Energetischer und finanzieller Reboundeffekt

In der Vergangenheit hat sich gezeigt, dass mit der Einführung eines Öko-produktes oft der vermehrte Einsatz und am Ende ein höherer Energie-verbrauch verbunden war, weshalb der Effekt der gestiegenen Effizienz aufgezehrt wurde. Dies wird »energetischer Reboundeffekt« genannt. Das beste Beispiel ist das Auto. Heute könnten wir mit Autos fahren, die we-niger als 3 Liter pro 100 Kilometer benötigen. Leider wird die gesteigerte Energieeffizienz durch schwerere und größere Autos wieder aufgefressen. Durch eine ökologische Lebensweise, d.h. einen bewussten Umgang mit Ressourcen, benötigt man weniger, nicht mehr Geld, weil genügsamer (suffizient) gelebt wird. Aber Vorsicht: Wenn das gesparte Geld am Ende wieder für Konsum, eine ausgiebigere Urlaubsreise oder das neueste Technikspielzeug ausgegeben wird, bekommen wir etwas, das man als »finanziellen Reboundeffekt« bezeichnen kann. Um wirklich nachhaltig zu leben, beschreiben wir nachfolgend einige Möglichkeiten, den finan-ziellen Reboundeffekt für sich und die Umwelt zu nutzen und weitere Multiplikatoren zu schaffen:

1. Durch die Einsparung z. B. von Konsumartikeln steht mehr Geld für hochwertige und langlebige Produkte zur Verfügung, wie z. B. Bio-Lebensmittel, Ökostrom, effiziente Elektrogeräte oder in Deutschland hergestellte Produkte.

2. Man kann mit einem geringeren Gehalt auskommen und die Arbeitszeit verkürzen. In der frei gewordenen Zeit kann man seinen Hobbys nachgehen oder sie mit der Familie verbringen. Man kann mehr selbst machen (Kochen mit frischen Lebensmitteln statt Fertigprodukten oder Lieferservices, selbst reparieren etc.), was wiederum Geld einsparen kann.

3. Man kann sich beruflich verändern und vielleicht das machen, was man wirklich machen möchte, auch wenn dies mit einem finanziellen Rückschritt verbunden ist.

4. Du kannst einen monatlichen Spendenbetrag für etwas geben, das du schon lange unterstützen wolltest. Es gibt so viele Organisationen, die großartige Arbeit leisten und auf Spendengelder angewiesen sind – ein wichtiger Beitrag für die Gesellschaft.

5. Ökologische Geldanlagen werden auch möglich. Lass dein gespartes Geld mit ökologischen Geldanlagen für dich arbeiten, und erhöhe so deine Reichweite. Grob gesagt, genügen einmalig 5.000 Euro, um eine Tonne CO_2 einzusparen – und das für jedes Jahr, in dem das Geld unangetastet bleibt.

6. Gespartes Geld kann auch für Bildung oder Weiterbildung eingesetzt werden, vielleicht tun sich hier neue Möglichkeiten für dich auf.

Flugreisen und (dicke) Autos

Wir würden kein Buch über Ökologie schreiben, wenn wir nicht das Fliegen und das Fahren von dicken Autos kritisch betrachten würden. Deshalb ein paar Worte dazu: Fliegen ist ökologisch ein Megaproblem. Bei einem Flug von München nach Bangkok werden knapp 6 Tonnen CO_2 emittiert.[21] Kurzstrecken sind nicht wirklich besser, da dort der durchschnittliche Spritverbrauch aufgrund des Startvorganges höher liegt. Die Klimawirkung eines Fluges liegt zwischen dem 2- und 5-fachen im Vergleich zu den CO_2-Emissionen am Boden. Daher sind auch Bio-Kraftstoffe oder synthetische Kraftstoffe nicht die Lösung. Ein klimaverträgliches Leben ist mit Flügen daher einfach nicht vereinbar, da kann man leider nichts schönreden.[22]

Meinst du es ernst mit Umweltschutz, bitten wir dich, auf Flugreisen zu verzichten. Das ist gar nicht so schwer, denn in Deutschland und Europa gibt es so viele attraktive Urlaubsziele, die ohne Flieger zu erreichen sind. Und wenn es wirklich einmal Istanbul sein soll, dann fahr eine Woche länger, nimm den Zug, und mach das Motto »Der Weg ist das Ziel« zu deinem.

Individuelle Mobilität ist per se kein Problem. Das Problem ist, dass wir viel Gewicht bewegen, um wenig Gewicht – also uns – zu transportieren. Die Elektromobilität kann nur in puncto Effizienz und der dann möglichen Umstellung auf erneuerbare Energien punkten. Ansonsten dürfen wir uns hier nichts vormachen (lassen): Erzeugung, Betrieb und abschließende Verwertung von E-Autos werden weiterhin viele Ressourcen und Energien verschlingen. Ein weiterer wichtiger Punkt, der oft vernachlässigt wird, ist der Flächenverbrauch von Autos, nicht nur für Straßen, sondern auch für Stell- und Parkplätze. Bei 47,1 Millionen Autos in Deutschland (Stand März 2019)[23] wird angenommen, dass allein für das Parken eine Fläche in der Größe des Saarlands verbraucht wird!

Die Hauptursache für das Artensterben ist neben der intensiven Landwirtschaft tatsächlich die Flächenversiegelung. Daher müssen wir unser Mobilitätssystem grundlegend ändern, in Richtung E-Carsharing, Ausbau des ÖPNV, von Fahrradwegen etc. Am besten ist es freilich zu hinterfragen, ob man zum Meeting wirklich nach Berlin muss oder ob es fürs Shoppingwochenende in London nicht doch eine regionale Alternative gibt.

Dein Start in die Challenges

Wie sind die Challenges aufgebaut? Gibt es etwas zu beachten? Giltst du noch als Anfänger oder schon als Experte? Um die 35 Tage mit unseren Challenges so optimal wie möglich für dich zu gestalten, gibt es hier einige Tipps und Tricks.

Aufbau der Challenges

Warum eine 35-Tage-Challenge der richtige Weg ist? Oft ist das Wissen bereits vorhanden, nur an der Umsetzung mangelt es. Habe ich mich aber einmal in Bewegung gesetzt und ein Gefühl für die Thematik bekommen, ist die Hemmschwelle höher, wieder aufzuhören. Denke z. B. an eine Runde Joggen. Auf der Couch ist es angenehmer, obwohl du weißt, dass es dir guttun würde. Nachdem du aber deinen inneren Schweinehund überwunden hast, wirst du nur selten nach 100 Metern umdrehen. Du wirst zwar mal weniger und mal mehr ehrgeizig sein, am Ende hast du dein Pensum trotzdem erfüllt und fühlst dich gut. Genauso kannst du die Challenges sehen. Hast du einmal angefangen und begriffen, wie einfach manches ist, wird es eine Eigendynamik entwickeln, sodass du so schnell nicht mehr haltmachst.

Da der menschliche Alltagsrhythmus auf sieben Tage zugeschnitten ist, sind die einzelnen Challenges auf Wochenbasis geplant. In 35 Tagen empfehlen wir also täglich eine Challenge, die einem Wochenmotto untergeordnet ist. Die sieben Challenges einer Woche kannst du je nach Präferenz in deinen Alltag integrieren, um deinen Terminkalender gut mit den genannten Punkten zu vereinbaren. Zudem gibt es eine Wochenchallenge, bei der du über einen Zeitraum von jeweils sieben Tagen Zeit hast, sie zu erfüllen.

Die Beispiele in den Challenges sind so gewählt, dass sie ohne große Komforteinbußen in den Alltag integriert werden können. Außerdem sind viele Challenges zum Ausprobieren gedacht. Wir finden, dass die Einfachheit vieler Punkte unterschätzt wird und sie daher einfach mal ausprobiert werden sollten, bevor darüber geurteilt wird. Eine vegane Ernährungsweise z. B. kann anfangs vielleicht als belastend angesehen werden, aber wenn man sich einmal damit befasst hat, ist es nur noch halb so wild und sogar bereichernd.

Versuchst du deinen ökologischen Fußabdruck zu verringern, wirst du außerdem unweigerlich Geld einsparen. »Geld kann mehr als nur Konsum« – bis auf wenige Ausnahmen sind die Challenges darauf ausgerichtet, eher kostensenkend zu sein. Daher geht es in der letzten Woche darum, was du mit dem Eingesparten machen und so Geld als zusätzlichen Multiplikator einsetzen kannst (Next-Level). Sei dir daher bewusst, dass eine Handlung, die Geld kostet, auch immer ökologisch bewertet werden kann und somit einen CO_2-Fußabdruck hat.

Anfänger oder Experte?

Egal ob Anfänger oder Experte – die Challenges halten für jeden etwas bereit. Jede Tageschallenge ist unterteilt in einen Anfänger- und einen Expertenmodus. Solltest du also mit einer klima- und umweltfreundlichen Lebensweise erst beginnen, dann empfehlen wir dir den Anfängermodus. Erfüllst du bereits den Anfängermodus bei einer Challenge, kannst du einfach in den Expertenmodus wechseln. Wenn du dir nicht sicher bist, in welchem Modus du starten solltest, kannst du mit dem Fragebogen auf Seite 42 beginnen. Mit acht Fragen wird darin ermittelt, ob du eher zur Gruppe der Anfänger oder zur Gruppe der Experten gehörst.

Aber auch für diejenigen, die Umweltschutz bereits verstärkt betreiben, bieten viele Expertenmodi eine Herausforderung. Zudem sind einige Aufgaben im Expertenmodus so gewählt, dass diese dir nicht nur dabei helfen, CO_2 einzusparen, sondern auch Zeit, Geld und andere Ressourcen. Darüber hinaus werden auch andere Belange des Lebens adressiert, wie finanzielle Absicherung, persönlicher und beruflicher Erfolg, oder eigene Ziele, weshalb dieses Buch für jeden eine Bereicherung bieten kann: jung oder alt, Frau oder Mann, Vater oder Geschäftsfrau, Vollblutöko oder Neuling.

Jede Challenge wird außerdem mit hilfreichen Tipps und Hintergrundinformationen untermalt. Freue dich auf 35 spannende Tage!

Fragebogen

Wenn du nicht genau weißt, ob du die Challenges im Anfänger- oder im Expertenmodus durchlaufen solltest, kannst du diesen Fragebogen ausfüllen. Für die folgenden acht Fragen sind insgesamt 64 Punkte zu vergeben. Hast du bei der Auswertung über 40 Punkte, empfehlen wir den Anfängermodus. Hast du unter 20 Punkte, ist der Expertenmodus richtig für dich. Liegst du dazwischen, kannst du selbst entscheiden, wie ambitioniert du bist.

Welcher Ernährungstyp bist du?
- ◯ Fleischbetont (fast täglich) 8 Punkte
- ◯ Flexitarier (1- bis 4-mal wöchentlich Fleisch oder Fisch) 4 Punkte
- ◯ Vegetarier 2 Punkte
- ◯ Veganer 0 Punkte

Weißt du, wie viel Strom du im Jahr benötigst?
- ◯ Genau 0 Punkte
- ◯ Grob 4 Punkte
- ◯ Nein 8 Punkte

Wie legst du einen Großteil deiner Kilometer zurück?
- ◯ Fahrrad 0 Punkte
- ◯ Öffentlicher Nahverkehr 2 Punkte
- ◯ Auto (Fahrgemeinschaft mit oder über 2 Personen) 6 Punkte
- ◯ Auto (alleine) 8 Punkte

Kennst du deine Ausgaben für Konsumgüter im Monat?

- ○ Exakt 0 Punkte
- ○ Etwas 4 Punkte
- ○ Gar nicht 8 Punkte

Wie oft in der Woche treibst du Sport [> 30 Minuten Bewegung am Tag]?

- ○ 1-mal oder weniger 8 Punkte
- ○ 2-mal 4 Punkte
- ○ 3-mal 2 Punkte
- ○ Mehr als 3-mal 0 Punkte

Wie oft kaufst du etwas gebraucht?

- ○ Nie 8 Punkte
- ○ 1- bis 2-mal im Jahr 6 Punkte
- ○ Öfter als 2-mal im Jahr 2 Punkte
- ○ Regelmäßig 0 Punkte

Reparierst du Dinge selbst?

- ○ Regelmäßig 0 Punkte
- ○ Ab und An 4 Punkte
- ○ Nur Teures 6 Punkte
- ○ Nein 8 Punkte

Wie viel Zeit verbringst du durchschnittlich am Tag, um fernzusehen, Serien oder Filme zu schauen und (Computer-)Spiele zu spielen? Rechne auch das Wochenende mit ein.

- ○ Weniger als 1 Stunde 0 Punkte
- ○ 2 Stunden 4 Punkte
- ○ 3 Stunden 6 Punkte
- ○ Mehr als 4 Stunden 8 Punkte

Woche 1
Einfache Aufgaben

In Woche 1 starten wir mit einfachen, aber wichtigen Aufgaben, die die Grundlage für die kommenden Wochen schaffen. Sie sollen dir zeigen, dass Umweltschutz meist nicht schwer umzusetzen ist – es gilt nur, auf die richtigen Dinge zu achten.

Wochenfokus:
Trinke Leitungswasser

Ein wichtiger Punkt der in diesem Buch empfohlenen Ernährungsweise ist, sich auf Lebensmittel mit einem breiten Spektrum an Nährstoffen zu fokussieren (alle Obst- und Gemüsesorten, Hülsenfrüchte, Ölsaaten, Vollkorn- und Pseudogetreide, hochwertige Öle, siehe Seite 144–150). Das Nahrungsmittel, das aber alle anderen in den Schatten stellt, ist Wasser. Du kannst auf alle Superfoods verzichten, die heute als solches deklariert werden, und es wird dir nicht schlecht gehen. Verzichtest du aber auch nur einen Tag auf Wasser, zeigen sich schon erste Anzeichen eines Mangels. Versuche also, deinen Wasserhaushalt (2 bis 3 Liter täglich, bei körperlicher Anstrengung deutlich mehr) ausreichend zu decken.

In gekauftem Mineralwasser oder Tafelwasser stecken viele Produktionsschritte, die sich auf den Preis und die Umweltbilanz auswirken. Flaschen, ob PET oder Glas, müssen hergestellt, abgefüllt, vertrieben, gelagert und teilweise durch ganz Deutschland transportiert werden. Auch die Fahrt vom Supermarkt nach Hause muss in die CO_2-Bilanz mit einberechnet werden, denn dafür wird fast immer ein Auto gebraucht. Nach dem Verzehr geht es für die leeren Flaschen weiter: Die Leergutbeseitigung bzw. Wiederaufbereitung und der Rücktransport des Leergutes zum Abfüller sind weitere Schritte, die bei gekauftem Wasser anfallen. All dies entfällt bei Leitungswasser. Wie auf Seite 49 gezeigt, schlägt Mineralwasser aus der Flasche pro Liter mit rund 210 g CO_2 zu Buche, was mehr als das Tausendfache von Leitungswasser ist.[41, 44]

Leitungswasser ist hierbei ein echter Alleskönner: Es hat einen unschlagbaren CO_2-Fußabdruck von 0,2 g pro Liter. Außerdem ist es das Lebensmittel in Deutschland, das am genauesten untersucht wird. Du brauchst also keine Bedenken zu haben, dass das regelmäßige Trinken von Leitungswasser gesundheitsschädlich sei. Auch Kalk ist in keiner Weise für den menschlichen Körper schädlich. Du kannst daher auch »hartes« Wasser bedenkenlos trinken.

Die Challenge in Woche 1 ist also, mindestens 80 Prozent des Flüssigkeitsbedarfs durch Leitungswasser zu decken und dadurch Wasser oder andere Getränke aus der Flasche zu ersetzen. Wenn dir Wasser zu fade ist, dann ist ungesüßter Kräutertee eine gute Alternative oder in geringen Mengen Fruchtsäfte als Schorle. Alles andere solltest du als Genussmittel ansehen und daher nur ab und zu trinken.

Am besten startest du bereits morgens mit einem großen Glas Wasser, vielleicht mit einem Schuss Zitronensaft oder Apfelessig. Allein dies weckt müde Lebensgeister. Außerdem kann der Körper sein in der Nacht aufgebautes Wasserdefizit decken und einfache Fälle von Schwindel oder Kopfschmerzen lindern. So hilfst du nicht nur der Umwelt, sondern auch deinem Geldbeutel und allem voran deiner Gesundheit.

Tag 1
Berechne deinen ökologischen Fußabdruck

Das Diagramm zeigt die durchschnittlichen CO_2-Emissionen eines deutschen Durchschnittbürgers. Wie für westliche Länder üblich, machen Konsumausgaben den größten Anteil aus. Die Kategorie »Strom« entspricht dem Strom, der zu Hause benötigt wird. Strom, der z. B. in Geschäften verbraucht wird, fällt unter »Konsum«. Unter »Wärme« ist unser Bedarf an Heizenergie sowie Warmwasser zu verstehen. Die »öffentlichen Emissionen« sind alle Emissionen, die allen Bürgern und Bürgerinnen zugeordnet werden. Darunter fällt die Energie der öffentlichen Einrichtungen, der Bundeswehr, der Straßenlaternen etc.

Aufteilung der CO_2-Emissionen
eines deutschen
Durchschnittsbürgers[4]

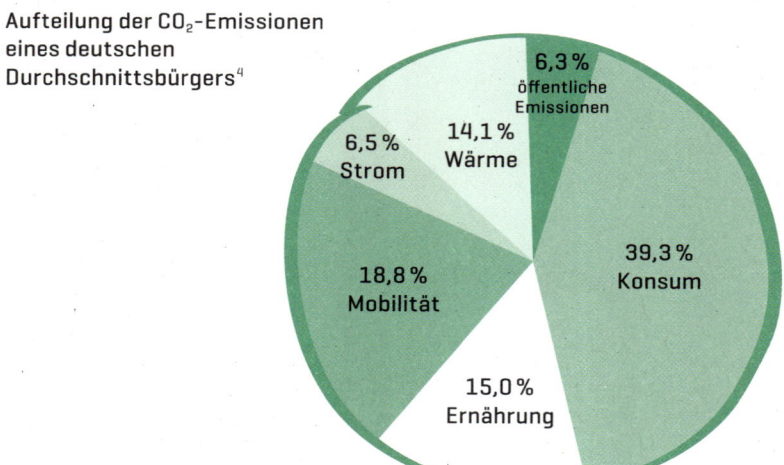

6,3 %
öffentliche
Emissionen

14,1 %
Wärme

6,5 %
Strom

18,8 %
Mobilität

39,3 %
Konsum

15,0 %
Ernährung

Anfängermodus

Suche dir einen CO_2-Rechner im Internet, und rechne aus, wie viel CO_2 du im Jahr verbrauchst. Sei ehrlich! Notiere oder speichere dann dein Ergebnis. Die Rechner des Umweltbundesamtes *(www.uba.co2-rechner.de)* oder des WWF *(www.wwf.de/themen-projekte/klima-energie/wwf-klimarechner/)* sind zwei gute Beispiele.

Expertenmodus

Da du als Experte deinen CO_2-Fußabdruck bereits kennen solltest, machst du neben der Berechnung deines derzeitigen Fußabdrucks eine Was-wäre-wenn-Analyse: Untersuche, welche Auswirkungen gewisse Änderungen in deinem Leben bei deinem CO_2-Fußabdruck hervorrufen. Wo fällt es dir leicht, Emissionen einzusparen? Wie hoch ist der Fußabdruck, den du nächstes Jahr erreichen möchtest? Notiere das Ergebnis deines derzeitigen Fußabdrucks und das deines Ziels. Letzteres kannst du nächstes Jahr überprüfen.

Tipps und Hinweise [5, 43]

Gegenüberstellung von CO_2-Emissionen

15 km drängelndes Autofahren versus 15 km Busfahren	3000 g	285 g
Currywurst mit Pommes versus veganer Linseneintopf mit saisonalem Gemüse	2500 g	430 g
Alter Kondensationstrockner versus Wäsche an der Luft trocknen	1467 g	0 g
30 Seiten einseitig auf Standardpapier ausdrucken versus 30 Seiten doppelseitig auf Recyclingpapier ausdrucken	110 g	27 g
1,5 Std. Fernsehen versus 1,5 Std. Lesen	110 g	4,5 g (LED-Lampe)
4-mal Händewaschen mit warmem Wasser und 3 Papierhandtüchern versus 4-mal Händewaschen mit kaltem Wasser und 1 Papierhandtuch	154 g	20 g
3 l Mineralwasser versus 3 l Leitungswasser	630 g	0,6 g
Wäschewaschen mit Kochwäsche versus Wäschewaschen mit 30 °C im Ecomodus	940 g	122 g

teilweise eigene Berechnungen

Tag 2
Verwende Recyclingklopapier

Über Klopapier macht man sich nur wenig Gedanken. Aber auch bei solchen einfachen Produkten lässt sich ganzheitlicher Umweltschutz betreiben. Wenn du es schlau machst, kannst du zum einen Ressourcen schonen und den Ressourceneinsatz reduzieren. Zum anderen kannst du die Abfallprodukte, die wahrscheinlich bei 95 Prozent der Bevölkerung ungeachtet im Müll landen, weiterbenutzen. Außerdem kannst du ein recyceltes Produkt verwenden. Das passt super zum Motto einer nachhaltigen Lebensweise: »Reduce, Reuse, Recycle«.

Anfängermodus

Gehe los und kaufe Recyclingklopapier statt des üblichen Frischfaserklopapiers, und tausche das konventionelle Papier aus. Das restliche Klopapier, das du noch hast, kannst du ja ein anderes Mal aufbrauchen. Dies ist eine sehr einfache Möglichkeit, ohne Einschränkungen Umweltschutz zu betreiben.

Solltest du schon Recyclingklopapier benutzen: sehr gut. Dann gehe in den Expertenmodus bei dieser Challenge über.

Expertenmodus

Auch wenn du bereits Recyclingklopapier nutzt, kannst du noch einiges tun:

- Verwende die Plastiktüte des Klopapiers als Abfallbeutel. Falls die Tüte Löcher hat, kannst du sie mit einem kleinen Stück Klebeband zukleben. Dieses Vorgehen spart Geld und Ressourcen, da keine Mülltüten mehr gekauft werden müssen.
- Handyladegerät, USB-Kabel, Kopfhörer – überall liegen Kabel in der Wohnung herum. Um Ordnung zu schaffen, kannst du die Kabel aufgerollt in die Papprollen des Klopapiers stecken – und schon gibt es keinen Kabelsalat mehr.

Tipps und Hinweise

> Feuchttücher sind tabu! Sie brauchen um einiges länger als Klopapier, bis sie vollständig aufgelöst sind.

> Kaufe eine 16- statt 8-Rollen-Packung. Das spart weiter Plastik.

> Deutschland ist das Land in der EU, das am meisten Verpackungsmüll produziert. Dabei ist nicht nur Plastikmüll gemeint, denn auch Papier- und Glasverpackungen müssen energieintensiv hergestellt werden. Papiertüten haben deshalb z. B. erst bei mehrmaliger Nutzung einen besseren CO_2-Fußabdruck als eine Plastiktüte. Daneben ist Glas an sich ein sehr nachhaltiges Produkt. Aufgrund des deutlich höheren Gewichts fallen bei der Herstellung und beim Transport jedoch erhöhte Emissionen an.

> Diese Challenge zeigt: Jede Art von Müll kann reduziert werden. Während der Anfänger über Recycling Ressourcen einspart, übt sich der Experte in Suffizienz (wiederverwenden und reduzieren).

Tag 3
Gestalte die kleinen Dinge des Alltags ökologischer

Lässt du beim Zähneputzen das Wasser laufen, oder kochst du dir einen ganzen Liter Teewasser auf, obwohl du es nur für eine Tasse brauchst? Viele kleine Dinge des Alltags können am Ende eines Jahres einen großen Haufen Mist machen. Dieser Tatsache sind sich die wenigsten bewusst. Aber dadurch, dass sie häufig auftreten, und das bei jedem Menschen weltweit, können schon kleine Änderungen Großes bewirken. Heute gehen wir das einfache, aber sehr oft auftretende Beispiel des Händewaschens an.

Anfängermodus

Nach der Toilette die Hände zu waschen sollte eigentlich bei jedem als Selbstverständlichkeit gelten. Auch hier lassen sich einige Punkte ökologischer angehen, ohne an der Hygiene zu sparen. Achte daher heute bei jedem Händewaschen auf Folgendes:
- Kaltes statt warmes Wasser verwenden
- Wasser beim Einseifen abdrehen
- Vor dem Abtrocknen zuerst das Wasser von den Händen abschütteln und dann erst abtrocknen, vor allem in öffentlichen Toiletten mit Papierhandtüchern, dann brauchst du weniger davon.

Expertenmodus

Als Experte kannst du ebenfalls den Anfängermodus machen. Zudem stehen noch zwei weitere Aufgaben parat, von denen du heute mindestens eine Aufgabe erfüllen solltest:
- Bewege auch andere zu einem nachhaltigeren Umgang. Nutze z. B. das beigelegte Lesezeichen, und klebe das Hinweisschild »Der Umwelt zuliebe: Ein Papiertuch genügt« auf einen Papierspender.
- Spiele gedanklich deinen gewohnten Alltag durch, z. B. Aufstehen – Badezimmer – Frühstück – Weg zur Arbeit – in der Arbeit – Mittagessen – Nachmittag in der Arbeit – Nachhauseweg – Abendessen –

Freizeitgestaltung am Abend – Badezimmer – zu Bett gehen. Überlege dir überall, was du zu welcher Zeit tust, wo du evtl. verschwenderisch oder unachtsam bist und wie du dies ökologischer gestalten könntest. Denke daran: Es gibt immer einen grüneren Weg.

Tipps und Hinweise

> Hier erhältst du einen Überblick über die besten Alternativen zum Händeabtrocknen (sortiert von ökologisch zu unökologisch):
> - Handtuch
> - elektrischer Handtrockner mit Kaltluft
> - Handtuchrollen
> - elektrische Handtrockner mit Warmluft
> - Papierhandtücher

> Kaltes Wasser säubert genauso effektiv wie warmes Wasser. Viel wichtiger ist zudem die Dauer des Einseifens.

> 2016 wurden in Deutschland 38 Milliarden (!) Papierhandtücher verwendet.[25] Was für eine unglaubliche Verschwendung wertvoller Ressourcen!

> Folgendes Beispiel soll zeigen, dass Kleinvieh wirklich Mist macht: 2017 waren 34 Millionen Arbeitsplatzcomputer installiert. Rechnet man grob mit 1,5 Bildschirmen pro Arbeitsplatz, sind dies 51 Millionen Bildschirme. Da PCs sogar im ausgeschalteten Zustand Strom ziehen, sollten diese über einen Netzschalter gänzlich vom Netz genommen werden. Da dies aber wenige machen und einige Bildschirme auch die ganze Zeit im Stand-by-Modus laufen, summiert sich dies. Geht man vom Worst Case aus, laufen 34 Millionen PCs (angenommen mit 3 W) und 51 Millionen Bildschirme (angenommen mit 0,5 W) 7000 Stunden im Jahr im Stand-by. Das macht pro Tag bei einem Arbeitsplatz gerade einmal 0,06 kWh aus – für ganz Deutschland sind es aber, über das Jahr gesehen, 892.500.000 kWh, also die Jahresenergieerzeugung eines kleinen Gaskraftwerkes oder 90.000 Photovoltaikanlagen (10 kW).

Tag 4
Nutze die Bibliothek

Büchereien bieten eine unfassbare Menge an Lesestoff und Informationsmaterial. Du kannst dort Romane, Comics, Sach- und Fachbücher, Zeitschriften, CDs und DVDs ausleihen und all dies mit anderen Nutzern teilen. Denn mal ehrlich, wie oft hast du ein Buch zweimal gelesen? Auf diese Weise werden Medien mehrmals verwendet, und du kannst das Geld beim Kauf sparen oder Abonnements kündigen. Gleichzeitig schaffst du zu Hause Platz in den verstaubten Bücher- oder Filmregalen.

Anfängermodus

Suche eine Bibliothek in deiner Nähe, und melde dich dort an. Meist ist der Preis eines Jahresabos im Vergleich zu den Möglichkeiten, die dir diese bieten, unverschämt günstig.

Expertenmodus

Bist du bereits im Besitz eines Bibliotheksausweises, dann kaufe oder bastele dir ein Notizbuch, das eine für dich passende Größe hat, damit du es überall mit hinnehmen kannst. Dieses wird dein ausgelagertes Gedächtnis: Immer wenn du dir wichtige oder nützliche Informationen – beispielsweise aus gelesenen Büchern – merken möchtest, schreibst du es in dieses Notizbuch.

Arbeitest du beispielsweise mit einem Sachbuch und willst daraus Informationen für dich entnehmen, kannst du dir diese Worte merken: Ein Buch, bei dem keine Notizen gemacht wurden, ist ein Buch, das nicht gelesen wurde. Du wirst feststellen, dass du innerhalb weniger Wochen den Großteil des Buches vergessen hast. Schreibst du aber Notizen in deinen eigenen Worten dazu auf, kann das Gehirn diese Informationen besser speichern. Zudem komprimierst du das Wissen auf das für dich Wesentliche. Diese Inhalte lassen sich auch schnell und einfach wieder nachschlagen und verstehen. Idealerweise digitalisierst du deine Notizen, dann fällt das Nachschlagen umso leichter.

Tipps und Hinweise

> Diese Challenge ist ein zentraler Punkt dieses Buches. Bücher oder andere Medien, die in Bibliotheken zu finden sind, können uns schnell und kostengünstig mit Informationen und Hintergrundwissen versorgen. Das kann das Internet zwar auch, aber kennst du jeden Urheber einer Internetseite und kannst auf Anhieb einschätzen, ob dessen Inhalt zu 100 Prozent richtig und wissenschaftlich belegt ist? Meist nicht. Daher empfehlen wir geschriebene Bücher.

> Bei wichtigen Büchern, die du zum Nachschlagen brauchst oder die du gerne ein weiteres Mal lesen möchtest, lohnt sich natürlich das Kaufen. Verwendest du ein Buch öfter, dann empiehlt es sich, das Buch wie früher in der Schule einzubinden. So hält es länger und erzielt, wenn es doch wieder verkauft wird, einen höheren Restwert. Als Einband können alte Poster oder anderes Hochglanzpapier dienen, das sonst im Müll landet.

> Mit dem Gang in die Bibliothek umgehst du zudem, dass dein Genuss von Medien über den Weg von Onlineportalen führt, die mit Abos versuchen, dich zu anderen Käufen von Konsumgütern zu verlocken.

Tag 5
Erledige deinen Wocheneinkauf ökologisch

Beim Einkauf hast du riesiges Potenzial, sowohl für dich als auch für die Umwelt etwas Gutes zu tun. Durch einen achtsamen Einkauf kannst du viel unnötiges Plastik oder andere Verpackungen vermeiden, schlechte Inhaltsstoffe umgehen oder unfairen Arbeitsbedingungen den Kampf ansagen. Kaufe nicht nur das, was dir schmeckt, sondern auch das, was allen zugutekommt.

Anfängermodus

Sowohl im Anfänger- als auch im Expertenmodus ist heute der Wocheneinkauf in einem Bio-Supermarkt dran. Achte darauf, dass du insbesondere bei Gemüse und Obst Einwegplastik vermeidest.

Expertenmodus

Gehe in einen Unverpacktladen und kaufe dort ein, sofern es einen in deiner Nähe gibt. Auch viele Bio-Supermärkte führen eine Abteilung mit nicht abgepackten Lebensmitteln. Achte zudem darauf, dass du kein importiertes Wasser durch Gemüse und Obst kaufst. Je höher der Flüssigkeitsgehalt einer Frucht aus dem Ausland, desto schlechter ist die Ökobilanz, da der Transport dann sehr viel CO_2 verursacht (siehe Tipps und Hinweise).

Tipps und Hinweise

> Was heißt kein Wasser importieren? Kaufe am besten nur Trockenprodukte als Importware, frisches Obst und Gemüse kannst du auch gut regional bekommen. Das hat drei Vorteile für die Umwelt:
> - Das in den Produkten enthaltene Wasser wird nicht durch die halbe Welt transportiert, was erhebliche Emissionen im Transportsektor einspart.
> - Zudem verdirbt frisches Obst und Gemüse schnell. Je länger der Weg, desto höher die Ausfallquote: Deutsche Supermärkte werfen insgesamt 288 Kilogramm Bananen weg. Und das pro Minute! Die Banane ist nach Brot das zweithäufigste Lebensmittel, das im Müll landet.[26]
> - Trockene Produkte können besser gelagert werden, was auch die Verpackung deutlich reduziert. Kichererbsen kann man beispielsweise statt vorgekocht im Glas getrocknet mit weniger Verpackung kaufen und zu Hause zubereiten.

> Weltweit treiben 150 Millionen Tonnen Plastik in den Ozeanen.[27] In Deutschland wird ein großer Teil an Plastik durch den Lebensmitteleinkauf verursacht. Plastik hat jedoch den Vorteil, dass es wenig Gewicht hat und flexibel einsetzbar ist, deshalb kann nicht immer darauf verzichtet werden. Es kommt daher auf den sparsamen Umgang und die richtige Entsorgung an.

Tag 6
Bestelle Werbeprospekte und Newsletter ab

Mehrmals die Woche verstopft sie unseren Briefkasten oder unseren E-Mail-Posteingang. Die Rede ist von Werbung. Meistens wollen wir sie gar nicht, wir sind nur zu faul, sie abzubestellen. Würde sie aber nur 10 Cent pro Woche kosten, würden wir sie sofort abbestellen. In Deutschland landen jährlich pro Person etwa 30 Kilogramm Werbeprospekte im Müll. Der Grundbedarf an Papier sollte aber weltweit bei 40 Kilogramm pro Person und Jahr liegen.[28] Der ist also fast allein durch den Werbungsmüll erreicht. Gib daher Werbung einen Korb, und lasse dich durch diese nicht beeinflussen.

Anfängermodus

- *Challenge 1* Schneide den Hinweis »Bitte keine Werbung« von dem beigelegten Lesezeichen aus und klebe ihn auf deinen Briefkasten. Du kannst natürlich auch selbst ein Schild schreiben oder basteln.
- *Challenge 2* Bestelle alle Newsletter ab, die du nicht regelmäßig liest. Newsletter verleiten uns nur zu unnötigen Käufen und rauben, auch wenn sie ungelesen bleiben, unnötig Zeit, da wir sie zumindest in den Papierkorb verschieben müssen. Unerwünschte Newsletter kannst du ganz leicht abbestellen, indem du ans Ende der E-Mail scrollst. Dort ist immer ein Link hinterlegt, der dich automatisch von der Verteilerliste entfernt. Meist heißt dieser »Newsletter abbestellen« oder »Unsubscribe«. Du erhältst anschließend keine Werbung mehr.

Expertenmodus

- Erhältst du Info- oder Dialogpost mit Werbung deiner Versicherung, deiner Bank oder deines Telefonanbieters? Überlege dir, welche Post du nicht benötigst oder du ungeöffnet in den Papierkorb wirfst. Durch eine E-Mail an das Kundenportal oder einen Anruf wird der Versand eingestellt. Aber keine Angst: Wichtige Unterlagen sind davon nicht betroffen, diese erhältst du weiterhin per Post.

- Guerillataktik: Manchmal muss man andere zu ihrem Glück verleiten. Nutze ein Hinweisschild auf dem beigelegten Lesezeichen (oder gestalte selbst eines), und wirf es in einen Briefkasten deines Nachbars. Unsere Erfahrung zeigt bisher eine Erfolgsquote von etwa 60 Prozent.

Tipps und Hinweise

> Viele Werbeprospekte werden in dünne Plastikfolien eingeschweißt. Diese landen meist mit im Papiermüll. Die Plastikfolie ist also Umweltverschmutzung im Quadrat.

> Eine weitere Möglichkeit, proaktiv unerwünschter Werbung entgegenzuwirken bzw. vorzubeugen, ist, sich in Deutschlands größte Werbesperrliste, die »Robinsonliste«, einzutragen *(www.robinsonliste.de)*. Seriöse Unternehmen gleichen ihre Daten damit ab, um Verbraucher nicht unerwünscht zu kontaktieren.

> Etwas anders verhält es sich bei Gratiszeitungen, da diese redaktionelle Anteile enthalten und daher nicht als Werbung einzustufen sind. Wenn du auch diese nicht erhalten möchtest, dann solltest du noch einen zusätzlichen Aufkleber am Briefkasten anbringen (»Bitte keine kostenfreien Zeitungen«).

> Wer weiterhin Infomaterial von einer speziellen Organisation erhalten möchte, der kann einfach per E-Mail darum bitten, den Postweg gegen die digitale Version per Newsletter zu tauschen.

Tag 7
Nutze Ökostrom

Strom ist einer der Hauptverursacher von CO_2 in Deutschland. Zugleich aber ein leichter Punkt, die CO_2-Emissionen zu senken, ohne jegliche Komforteinbußen beim Verbraucher. Deshalb ist aus der Energiewende in der Vergangenheit eher eine Stromwende geworden. Die anderen Sektoren Wärme und Verkehr wurden eher vernachlässigt. Nichtsdestotrotz spielt Strom eine zentrale Rolle, auch bei uns Verbrauchern, da wir durch Ökostrom den Sektor Wärme mit Wärmepumpen und den Sektor Verkehr mit E-Autos nachhaltiger gestalten können. Durch einen massiven Wechsel auf Ökostrom könnten Kohlekraftwerke schnell der Vergangenheit angehören.

Anfängermodus

Wechsele zu einem echten Ökostromanbieter, der für einen weiteren Ausbau neuer Anlagen sorgt und nur Ökostrom im Portfolio hat. Konventionelle Energieversorger haben zum Teil ebenfalls Ökostromangebote im Portfolio, das 100 Prozent Ökostrom beinhaltet. Meist werden dabei erneuerbare Anlagen verwendet, die bereits im Besitz des Anbieters sind, und Kunden des konventionellen Produktes erhalten am Ende einen schlechteren Strommix. Dies entspricht nur einer Verschiebung der Bilanzen und entspricht keinem ökologischen Mehrgewinn.

Mittlerweile gibt es aber immer mehr echte Ökostromanbieter. Empfehlungen sind:

- Naturstrom
- Greenpeace Energy
- Green City Energy
- Polarstrom
- Lichtblick
- EWS Schönau

Nur vier Schritte sind für einen Stromanbieterwechsel notwendig:

1. Wähle einen echten Ökostromanbieter aus der obigen Liste oder nach eigener Recherche aus.
2. Gib online deinen Jahresstrombedarf, deine persönlichen Daten sowie deinen alten Versorger und die Zählernummer an (Letztere steht auf deiner Stromabrechnung oder dem Zähler).
3. Der neue Stromanbieter erledigt nachfolgend alles für dich. Er kündigt beim alten Versorger und versorgt dich ab dem frühestmöglichen Termin mit sauberem Ökostrom. Meist dauert das nur einige Tage. Aber keine Angst, wenn etwas nicht sofort funktioniert: Dir wird nicht gleich der Strom abgestellt.
4. Nach dem Wechsel musst du nur noch den aktuellen Zählerstand übermitteln, damit beide Stromanbieter – der alte und der neue – wissen, bei wem du wie viel Strom gebraucht hast.

Insgesamt dauert der Vorgang zwischen 5 und 10 Minuten. Schneller kannst du keine andere Klimaschutzmaßnahme mit einer vergleichbaren Wirkung umsetzen!

Expertenmodus

Decke die Stromfresser in deinem Haushalt auf, und besorge dir ein Energiekostenmessgerät für wenig Geld. Bessere Geräte kannst du dir auch ausleihen: In Regensburg gibt es beispielsweise die Möglichkeit, in der Stadtbücherei, beim örtlichen Stadtwerk oder dem Bund Naturschutz ein entsprechendes Gerät zu leihen.

Wenn du das Strommessgerät verwendest, dann miss am besten z. B. einen Waschgang mit deinem Standardmodus, den du regelmäßig wählst. Danach schätzt du ab, wie oft du in der Woche wäschst, und rechnest es auf das Jahr hoch. Du kannst dann z. B. noch den Eco-Modus messen und vergleichen, wie viel dieser über das Jahr sparsamer ist. Bei Geräten, die keinen Durchgang in diesem Sinne haben (wie z. B. einen Waschgang), misst du am besten über eine Dauer von mindestens einer Woche und rechnest dies dann ebenfalls hoch. Der Zeitraum einer Woche deckt den Großteil deines kompletten Alltages ab, wenn du z. B. den Stromverbrauch des Fernsehers oder des Kühlschranks misst. Auf dem Portal *www.ecotopten.de* kannst du zudem den Jahresverbrauch des Gerätes mit anderen Geräteklassen vergleichen und ggf. über einen Austausch des Altgerätes nachdenken, wenn es deutliche Stromeinsparungen zur Folge hat.

Tipps und Hinweise

> Strom aus erneuerbaren Energien kann, wenn du einen älteren Vertrag hast, noch nie gewechselt hast oder noch in der Grundversorgung bist, sogar günstiger als konventioneller Strom sein. Mit den Billiganbietern auf Vergleichsportalen können die Ökostromanbieter zwar nicht mithalten – dafür setzen diese auf Qualität.

> Eine Freiflächenphotovoltaikanlage versiegelt nur drei Prozent der genutzten Fläche. Für Braunkohle werden ganze Waldgebiete plattgemacht (z. B. Hambacher Forst).

> Tausche alte Stromfresser aus, z. B. die Waschmaschine, den Kühlschrank, den Gefrierschrank oder die Spülmaschine. Den Trockner kannst du dir ganz sparen: Die Luft und etwas Zeit tun hier ihr Übriges. Die Internetseite *www.ecotopten.de* gibt dir dabei immer aktuell die besten und sparsamsten Alternativen für dein Gerät. Und denke daran: Wer billig kauft, kauft zweimal. Achte daher lieber auf Qualität statt auf den Preis.

> Die durchschnittlichen Verbrauchswerte, die auf deiner Stromabrechnung oder im Internet zu finden sind, sind viel zu hoch. Wenn du wirklich etwas für das Klima tun willst, sollte der Verbrauch pro Person etwa bei 600 bis 700 kWh pro Jahr liegen, wobei auch 300 kWh pro Jahr und Person möglich sind.

> Mit dem Wechsel auf Ökostrom ist bereits viel erreicht. Wichtiger aber ist, dass die beste und damit ökologischste Kilowattstunde immer die ist, die nicht gebraucht wird. Denn auch der Bau von neuen Anlagen, die Verteilung von Strom und die Aufrechterhaltung der Versorgungssicherheit sind mit großem Aufwand und Kosten verbunden. Daher kannst du als Experte versuchen, den Strombedarf im Haushalt zu reduzieren.

Alle folgenden Beispiele bieten Strom- und Kosteneinsparungen. Die letzten beiden Beispiele bieten zudem weitere Einsparpotenziale:

> Vermeide Stand-by-Verluste.

> Schalte das Licht aus, wenn du es nicht unbedingt brauchst.

> Setze LEDs statt klassische Glühlampen ein.

> Koche immer mit Kochtopf und Deckel. Dadurch nutzt du die Energie beim Erhitzen optimal.

> Der Kühlschrank ist bei 8 Grad Celsius ideal eingestellt. Alles, was darunterliegt, verbraucht nur unnötig Strom.

> Tausche alte, stromfressende Geräte durch energieeffizientere aus.

> Koche mit einem Schnellkochtopf (Gemüse oder Hülsenfrüchte werden schneller und schonender gar, was Zeit spart und das Gemüse vitalstoffreicher belässt).

> Nutze nur einen Topf pro Gericht (z. B. One-Pot-Pasta). Das spart dir Spülarbeit, Zeit, Spülmittel und Energie.

> Deine Wäsche kannst du statt im Trockner an der frischen Luft trocknen lassen (weiterer Vorteil: Die Kleidung wird weniger belastet und ist dadurch langlebiger).

> Schalte die Spül- und Waschmaschine nur an, wenn das jeweilige Gerät voll ist. Das spart nicht nur Strom, sondern auch Wasser und Reinigungsmittel. Zudem erhöht es die Lebensdauer der Maschinen, da diese weniger oft eingeschaltet werden.

> Wasche nur, was auch wirklich gesäubert gehört. Muss die Hose oder der Pullover nach einem Tragen gereinigt werden, oder kann sie/er mehrmals getragen werden? Oft reicht ein einfaches Auslüften. Das spart Strom, Wasser, Waschmittel und Zeit.

> Benutze eine Zeitschaltuhr am WLAN-Router. Sie spart Strom und begrenzt deine Onlinezeit. So wird dein Schlaf durch nichts mehr gestört.

Weitere Tipps findest du in den Challenges der kommenden vier Wochen.

1

Woche 2

Mehr Bewegung, besseres Essen, mehr Energie

Woche 2 steht ganz im Zeichen der Gesundheit. Denn wer sich ausgewogen ernährt, frische Zutaten beim Kochen verwendet und sich darüber hinaus regelmäßig bewegt, der hat im Umkehrschluss auch mehr Energie im Alltag.

Wochenfokus: Iss weniger Fleisch

Diese Woche beschäftigen wir uns mit Bewegung und Ernährung. Daher versuchen wir, unsere ökologische Auswirkung durch die Nahrungsmittelaufnahme zu reduzieren und gleichzeitig unsere dadurch gewonnene Energie zu nutzen. Dies funktioniert am einfachsten, wenn wir unseren Fleischkonsum reduzieren. Wusstest du, dass vor allem verarbeitetes Fleisch wie Wurst, aber auch rotes Fleisch als wahrscheinlich krebserregend von der Weltgesundheitsorganisation WHO eingestuft wurden? Wurst liegt dabei in der gleichen Kategorie wie Rauchen. Warum also nicht sich und seinem Körper etwas Gutes tun und dabei noch die Umwelt entlasten?

- Du bist Fleischesser: Iss diese Woche zweimal öfter vegetarisch, als du das üblicherweise tust.
- Du bist Vegetarier: Iss zweimal in dieser Woche vegan.
- Du bist Veganer: Iss diese Woche zweimal mehr als üblich Lebensmittel aus der Tabelle der 50 besten Lebensmittel (S. 145–150).

Tag 8
Sorge für ein energiegeladenes Frühstück

Nach dem Aufwachen möchte der Körper mit Vollwertkost versorgt werden. Schließlich hat er die letzten acht oder mehr Stunden gefastet. Ein gesundes Frühstück hilft dabei, Phasen mentaler Schwäche zu umgehen (Hunger, Müdigkeit, Stress oder Unkonzentriertheit), sodass wir stark genug gegen den Drang nach Kaffee, Süßem oder anderen vermeintlichen Belohnungen des Alltags sind. Ein Müsli ist der perfekte Energiespender für einen guten Start in den Tag. Gekauftes Müsli steckt aber leider meist voller Zucker und schlechten Inhaltsstoffen. Mische dein Müsli daher heute selbst, denn dann weißt du genau, was drinsteckt.

Anfängermodus

Bereite dir ein energiegeladenes Frühstück vor. Besorge dir hierfür die Basiszutaten eines nährstoffreichen Müslis (Vorschläge in der folgenden Liste oder in der Tabelle der 50 besten Lebensmittel ab Seite 145), und mische diese zusammen. Die Flocken sollten die Hauptzutat bilden.

- Getreideflocken (Haferflocken, Dinkelflocken) oder glutenfreie Flocken (Hirseflocken, Buchweizenflocken)
- Ölsaat (Hanf, Leinsaat, Kürbis)
- Heimische Nüsse
- Pflanzlicher Milchersatz (am besten Hafer-, Dinkel- oder Sojadrink ohne Zucker)

Suche als Topping etwas aus, das dir besonders schmeckt. Mit folgenden Zutaten kannst du deinem Basismüsli den besonderen Kick geben und sorgst so für Abwechslung.

- Heimisches Obst
- Amaranth-Popps
- Kerne und Nüsse
- für die Süße: Trockenfrüchte (ungeschwefelt und ohne Zuckerzusatz) oder Zuckerrübensirup
- Gewürze: eine Prise Salz, Zimt oder Zitronensaft

2

Zubereitung   Lege alle getrockneten Zutaten über Nacht in Pflanzenmilch ein. Es sollte nicht zu viel Flüssigkeit sein, sondern die Zutaten
höchstens leicht bedecken. In der Früh kannst du dir dann deine Toppings frisch dazuschneiden und je nach Bedarf noch etwas Zuckerrübensirup oder Gewürze beigeben.

Expertenmodus

Als Zusatz zum Anfängermodus kannst du folgende Toppings für dein
Basismüsli selbst herstellen:

- Eigenes Obst und Gemüse als Scheiben oder ungezuckertes Püree
  portionsweise einfrieren, lagern oder trocknen (Letzteres am besten
  im Dörrautomaten).
- Hagebuttenpulver
  Dazu sammelst du Hagebutten, trocknest diese an der Luft und
  zerkleinerst sie im Mixer zu einem Pulver.
- Pflanzliche Milch
  Als Rezeptbeispiel wird Mohn verwendet. Das Rezept funktioniert
  aber auch ideal mit Haferflocken, Dinkelflocken, Hanfsaat, Hasel-
  oder Walnüssen. Das Verhältnis ist dabei immer 1:10, d.h. ein
  Anteil Mohn, Getreideflocken o. Ä. zu zehn Anteilen Wasser.

    500 ml Wasser

    50 g Mohn (am besten über Nacht eingeweicht)

    1 TL Rübensirup

    1 EL Rapsöl

    Je nach Belieben eine Prise Salz

  Alles zusammen im Mixer bei hoher Leistung fein pürieren. Der Inhalt kann nun abgesiebt werden, muss aber nicht. Im Kühlschrank
  lässt sich die Pflanzenmilch einige Tage lang aufbewahren.

Tipps und Hinweise

> Durch das Einweichen von Saaten wird Phytinsäure abgebaut (deshalb werden auch Nüsse oder Hülsenfrüchte idealerweise vor dem Verzehr eingeweicht). In geringen Mengen ist es als Antioxidant gesund. In größeren Mengen als sogenannter Antinährstoff verhindert es die Aufnahme von Mineralstoffen wie Eisen oder Zink. Vor allem Eisen ist sehr wichtig für die Sauerstoffaufnahme im Körper, da es Bestandteil von Hämoglobin ist, dem roten Blutkörper. Vitamin C kann den Effekt von Phytinsäure zum Teil beheben und die Eisenaufnahme erhöhen. Daher empfehlen wir heimisches Obst oder Hagebuttenpulver als Topping zu jedem Müsli.

> Der Anbau von Mandeln und anderen Nüssen verschlingt unglaublich viel Wasser. In Kalifornien, einem Hauptanbaugebiet von Mandeln, stellt dies die Bevölkerung vor große Herausforderungen, da das Wasser durch eine steigende Nachfrage nach Nüssen schwindet und ein Dürrejahr dem nächsten folgt. Nutze deshalb vor allem heimische Nüsse.

> 80 Prozent des weltweiten Sojas wird für Tiernahrung eingesetzt, 18 Prozent als Sojaöl für die Energiegewinnung bzw. für Treibstoff und nur 2 Prozent für menschliche Ernährung.[29] Du schützt den Regenwald, wenn du statt Milch Sojamilch verwendest, da für Sojamilch nur etwa 100 Gramm Soja pro Liter verwendet werden. (Experten bereiten natürlich ihre eigene Milch zu bzw. kaufen Sojamilch mit Soja aus Europa oder nutzen Drinks auf Basis von Getreide oder anderen Ölsaaten.)

> Für heimisches Obst kannst du im Winter auf gefrorene Beeren zurückgreifen. Auch bieten Supermärkte oft Bananen, die noch genießbar sind, aber braune Stelle aufweisen, günstiger an. So kannst du der Lebensmittelverschwendung aktiv entgegentreten.

Tag 9
Koche frisch

Egal ob jung oder alt, Mann oder Frau, Mutter oder Vater, Hausmann oder Vielbeschäftigte – für jeden sollte Kochen Bestandteil einer gesunden und nachhaltigen Lebensführung sein. Lass dir nicht von Restaurants, Kantinen, Imbissbuden oder Lebensmittelkonzernen vorschreiben, was für dich das Beste ist. Entscheide selbst, was in den Kochtopf und am Ende auf dem Teller landet. Setze dabei vermehrt auf regionale und saisonale Kost, dein Körper wird es dir danken, deine Familie und die Umwelt auch.

Anfängermodus

Durchsuche deinen Kühl- und Gefrierschrank, die Speise- oder Vorratskammer und koche heute Lebensmittel, die bald das Mindesthaltbarkeitsdatum erreicht oder dieses bereits überschritten haben. Erstelle aus den restlichen gefundenen Zutaten einen Essensplan für die nächsten

Tage. Du darfst hier auch die letzten Fertiggerichte aufbrauchen – die danach am besten passé sind. Koche zudem heute so, dass mindestens eine Portion übrig bleibt, damit du morgen auch noch etwas davon hast (z. B. für die Arbeit).

Expertenmodus

Mache heute Meal Prep, d. h., koche ein Gericht, aber mehrere Portionen. Diese werden anschließend (nach dem Abkühlen auf Raumtemperatur) portionsweise eingefroren. So kannst du, wenn es mal schnell gehen muss oder nichts für den kommenden Tag vorbereitet ist, auf deine selbstgekochten Vorräte zurückgreifen.

Tipps und Hinweise

> Nutze einen Gummischaber, mit dem du auch die letzten Reste aus Töpfen, Pfannen oder Mixer kratzen kannst. Danach landet garantiert nichts mehr im Abfluss.

> Je höher der Verarbeitungsgrad eines Lebensmittels ist, desto schlechter ist es für unsere Gesundheit. Denn durch jeden Verarbeitungsschritt gehen wichtige Nährstoffe und Geschmack verloren. Letzterer wird durch eine Reihe von Zusatzstoffen und Salz kompensiert. So kann es sein, dass das Lebensmittel am Ende stark säurebildend ist. Dies betrifft auch vegane Fertiggerichte, z. B. die modernen Fleischersatzprodukte.

> Fertiggerichte haben ebenfalls eine üble CO_2-Bilanz. Wenn du also etwas für die Umwelt tun willst, bleibe bei unverarbeiteten pflanzlichen Lebensmitteln.

> Mit Fertiggerichten unterstützen wir unter anderem auch Großkonzerne wie Nestlé, Unilever oder Kraft Heinz, die für eine Reihe von sozialen wie ökologischen Freveln verantwortlich sind.

> Wenn du deine Vorräte aufbrauchst, kannst du Platz für wirklich wertvolle Lebensmittel und für deine eigenen Zubereitungen schaffen. Im Gefrierschrank kannst du beispielsweise genügend Obst einfrieren, um so auch in der kalten Jahreszeit nicht auf eigenes Obst verzichten zu müssen.

Tag 10
Koche vegan

Eine pflanzenbasierte Ernährung bietet eine enorme Vielfalt. Fleisch als Hauptzutat für Gerichte wird zunehmend ersetzt. Dabei ist es am besten, Fleischersatzprodukte oder andere Fertiggerichte zu umgehen – mit ihren künstlichen Zusatzstoffen haben sie wenig mit einer gesunden Ernährung zu tun.

Anfängermodus

Mit dem selbstgemachten Müsli mit Pflanzenmilch hast du bereits eine vegane Alternative für dein Frühstück. Heute stellen wir dein Mittagessen auf ein pflanzliches Gericht um. Isst du in der Kantine? Dann wähle heute das vegane Gericht aus. Isst du zu Hause oder kochst dein Essen vor? Dann bereite ein veganes Gericht zu. Isst du unterwegs? Dann halte Ausschau nach einer veganen Mahlzeit.

Expertenmodus

Als Experte stellst du heute nicht nur dein Frühstück und Mittagessen auf eine vegane Variante um, sondern alle deine Mahlzeiten, also auch Snacks und Getränke. Die Milch im Kaffee ist dementsprechend ebenso tabu! Stattdessen kannst du eine pflanzliche Alternative wählen.

Achtung vor Fallen: Säfte oder Wein sollten explizit als vegan deklariert sein, da diese ansonsten mit tierischen Stoffen geklärt werden und somit nicht einmal für Vegetarier geeignet sind.

Lebst du bereits vegan, dann nutze heute nur Lebensmittel aus der Tabelle der 50 besten Lebensmittel (ab Seite 145).

Tipps und Hinweise

> Solltest du kein Lokal mit leckeren veganen Alternativen kennen, dann besuche ein asiatisches oder kurdisches Lokal. Diese bieten ein breites Spektrum veganer Gerichte, sogar Vollwertkost ist dort möglich.

> Zusätzliche Rezepte, bestehend aus den 50 besten Lebensmitteln, findest du ergänzend online auf unserer Internetseite *www. oeko-rebellen.de*. Einige Rezepte bieten dir außerdem die Möglichkeit, Verpackungsmaterial einzusparen.

> Eine vegane Ernährungsweise und Leder passen nicht zusammen. Man sollte sich bewusst sein, dass Leder heute keinesfalls ein Abfallprodukt der Nahrungsmittelindustrie ist. Es gibt neben der Milchkuh extra gezüchtete Lederkühe. Zudem sind meist die Arbeitsbedingungen sehr schlecht, um die Nachfrage nach günstigem Leder decken zu können. Im Prinzip ist Leder als Endprodukt ein nachhaltiges Produkt, da es robust, wiederstandsfähig und langlebig ist. Schmeiße Sachen aus Leder also nicht gedankenlos weg, sondern nutze sie lieber, bis sie endgültig ausgedient haben.

Tag 11
Sammle heimisches Superfood

Wir importieren exotisches Superfood aus Südamerika oder anderen Teilen der Welt. Unsere Nachfrage lässt den Preis in den jeweiligen Gebieten ansteigen, und die Einheimischen, die eigentlich auf das Nahrungsmittel angewiesen sind, können sich diese zum Teil nicht mehr leisten. Gleichzeitig wachsen in unseren Gärten, benachbarten Wiesen und Wäldern so viele verschiedene Obstsorten, Gemüse und Kräuter, die es im wahrsten Sinne des Wortes in sich haben. Es lohnt sich, einen Blick auf unsere heimischen Superfoods zu werfen!

Anfängermodus

Halte Ausschau nach einem heimischen Superfood aus der folgenden Liste, oder frage jemanden, der dir einen Platz verraten kann, wo diese wachsen. Bist du dir unsicher, ob du die einzelnen Lebensmittel in der Natur findest, oder was beim Sammeln zu beachten ist, dann gehe in deine Bücherei oder suche online nach Tipps.

Sammle von dem Superfood, das du dir ausgesucht hast, eine kleine Menge und bereite ein Essen daraus zu:

- Brennnessel (Saison von April bis Oktober)
- Löwenzahn: Knospe, Blüte oder Blätter (Saison von April bis September)
- Nüsse (Saison von September bis Oktober)
- Pilze (am besten im September und Oktober, aber bereits ab Mai zu finden)
- Hagebutte (Saison von Oktober bis Januar)
- Obst (Saison von Juli bis Oktober)
- Bärlauch (Saison von Ende März bis Mitte Mai)

Expertenmodus

Lies den Anfängermodus. Auch Experten gehen auf die Suche nach heimischem Superfood. Sammle eine größere Menge von dem Lebensmittel, das du dir ausgesucht hast, und konserviere es.

Aus Brennnessel und Hagebutte lässt sich getrocknet ein Pulver her-

stellen, das als Ersatz für gekauftes Superfoodpulver eingesetzt werden kann. **Hagebutte** ist ideal fürs Müsli, siehe Seite 69/70. Aufgrund des hohen Gehalts an Vitaminen gibst du sie am besten erst am Ende der Kochzeit hinzu.

Brennnesselpulver kann ideal zu Aufstrichen oder Eintöpfen ergänzt werden.

Pilze kannst du in größeren Mengen entweder einfrieren oder trocknen.

Nüsse brauchen gar kein Konservierungsverfahren, sie sind sowieso länger haltbar.

Bärlauch lässt sich als Pesto länger haltbar machen, kann aber auch in kleinen Bündeln eingefroren werden.

Die **Knospe des Löwenzahns** kann, in Essigwasser eingelegt, Kapern ersetzen.

Kräuter lassen sich ebenfalls trocknen und zu Tee oder Gewürz verarbeiten.

All diese Vorschläge sind nur Beispiele – es gibt ein Vielfaches an Möglichkeiten, was du mit den heimischen Superfoods anfangen kannst. Vermeide jedoch das Haltbarmachen mit Zucker. Wir wollen schließlich aus den gesunden Lebensmitteln das Beste herausholen.

Aufstrich für alle Fälle

Grundrezept

- 600 g Gemüse oder gekochte Hülsenfrüchte (ca. 250 g getrocknet)
- 100 g Sonnenblumenkerne (getrocknet und über Nacht eingeweicht)
- 300 g Rapsöl
- 3 EL Zitronensaft
- 1 Knoblauchzehe
- ½ TL Chilipulver oder ½ frische Chilischote (nach Belieben mehr)
- Verschiedene Gewürze, Beispiele siehe Rezepte
- 3 TL Salz (ca. 10–12 g)

Die Rezepte unterscheiden sich nur in dem verwendeten Gemüse und den Gewürzen. Sie ergeben Portionen von etwa 4 bis 5 Schraubgläsern.

Aufbaurezept

Aus dem Grundrezept können nun verschiedene Aufstriche gezaubert werden:

Falsche Leberwurst

- 250 g Belugalinsen über Nacht einweichen und kochen (ergeben ungefähr 600 g)
- Thymian, Oregano, Petersilie o. Ä.
- 1 TL Pfeffer
- ½ TL Kreuzkümmel
- 1 TL Brennnesselpulver

Kürbis-Quitte

- 300–400 g Kürbis
- 200–300 g Quitte
- 1 TL Curry
- ½ TL Paprikapulver

Rote-Bete-Meerrettich

- 400–450 g Rote Bete
- 200–150 g Meerrettich
- ½ TL Curry
- ½ TL Paprikapulver

Meerrettich wird schnell bitter. Daher wird dieser erst am Ende hinzugegeben (siehe Zubereitungshinweis). Hoble ihn sehr fein, und vermenge ihn sofort mit Salz und Zitronensaft, damit er keine Bitterkeit aufbauen kann.

ZUBEREITUNGHINWEIS

Lege die Sonnenblumenkerne über Nacht ein, und gieße das Wasser am nächsten Morgen ab. Lasse die Kerne gut abtropfen. Koche alles Gemüse, das gekocht werden muss bzw. nicht auch roh gegessen werden kann (Hülsenfrüchte, Rote Beete, Kürbis, Quitte). Mixe in der Zwischenzeit die Sonnenblumenkerne mit der frischen Chilischote und dem Knoblauch zusammen. Gib anschließend Öl, Gewürze, das Gemüse und Salz hinzu, und püriere alles fein. Koche nun die Masse unter ständigem Rühren kurz auf. Gib am Ende der Kochzeit noch den Zitronensaft hinzu, damit das Vitamin C erhalten bleibt. Nun kannst du den Aufstrich in kleine Schraubgläser abfüllen und fest verschließen. Sind die Aufstriche auf Raumtemperatur abgekühlt, halten sich diese im Kühlschrank mindestens drei Wochen.

2

Tipps und Hinweise

> Früchte sollten am besten nicht zu Tee verarbeitet werden, weil Früchtetee säurebildend ist. Kräutertee dagegen ist basisch.

> Solltest du diese Challenge im Winter machen oder wirklich keinen Platz finden, an dem die Superfoods wachsen, dann setze dir ein Sauerkraut oder ein Kimchi an. Beides dauert höchstens eine Stunde und versorgt dich in der kalten Jahreszeit mit vielen wichtigen Vitaminen. Eine Anleitung findest du im Internet oder auf unserer Hompage *(www.oeko-rebellen.de)*.

> Kein kultiviertes Gemüse kann an die Nährstoffqualität von Brennnessel heranreichen.

Tabelle: Getrocknete Brennnessel und ihre Nährstoffe pro 100 g in Prozent des Tagesbedarfs eines durchschnittlichen Erwachsenen[7]

Vitamine									Mineralstoffe				
B1	B2	B3	B5	B7	B9	E	C	A	Ca	K	Mg	Fe	Zn
100	50	203	25	7	32	33	848	130	341	129	114	149	58

> Getrocknete Brennnesseln können als natürliches Nahrungsergänzungsmittel angesehen werden. Bereits 2 g Brennnesselpulver decken fast 20 Prozent des Tagesbedarfs an Vitamin C, im Trockenzustand hat Brennnessel 47 g Eiweiß pro 100 g. Ergänzend dazu enthält es alle essenziellen Aminosäuren in großen Mengen. Zudem sind getrocknete Brennnesselblätter das Lebensmittel mit dem höchsten Tryptophangehalt [1549 mg]. Tryptophan ist der Grundbaustoff für Serotonin [Stimmungsaufheller und Wachmacher in Kombination mit Tageslicht] und Melatonin [Schlafhormon in Kombination mit Dunkelheit].

Tag 12
Mache Dinge selbst

Do-It-Yourself (kurz DIY) ist als echter Öko nicht wegzudenken. Du wirst in Zukunft nicht umhinkommen, Dinge selbst herzustellen oder Gegenstände ein zweites Leben zu geben, da sie zum Wegwerfen zu schade sind. DIY umfasst also sowohl das Thema Upcycling, als auch eigene Dinge herzustellen.

Anfängermodus

Heute wird upgecycelt! Mache aus einem Gegenstand, den du sonst wegwerfen würdest, etwas Besonderes. Hier kannst du deiner Kreativität freien Lauf lassen. Ein Beispiel sind Einweggläser: Sie lassen sich noch vielseitig einsetzen, ob zur Weiterverwendung für selbst hergestellte Lebensmittel, als Vorrats- oder Transportbehälter für Lebensmittel oder für Dekozwecke.
Finde heraus, was dir Spaß macht, ob du z. B. gerne mit Holz, Stoff, Technik oder dergleichen arbeitest. Falls du ein größeres Projekt in Angriff nehmen möchtest, gehe in einen Bastelladen, auf einen Flohmarkt oder in den Baumarkt, und hole dir die nötigen Utensilien.

Expertenmodus

Als Experte stellst du heute einen eigenen Drogerie- oder Reinigungsartikel her. Dazu hier drei Beispiele:

- Ein effektives Geschichtswasser, das deine Haut zum Strahlen bringt und Mitessern den Garaus macht, ist ganz einfach aus Wasser und Apfelessig (Verhältnis etwa 20 : 1) herzustellen.
- Ein Peeling für eine weiche Gesichtshaut ist leicht aus etwas Meersalz und abgekochtem Wasser herzustellen, alternativ einfach nur das Gesicht mit Natron einreiben.
- Ein Essigreiniger für die Grundreinigung im Bad mit angenehmem frischen Zitrusduft lässt sich aus einfachem Tafelessig aus dem Supermarkt und darin für mehrere Wochen eingelegten Abfallschalen von Zitronen, Orangen o. Ä. herstellen. Lasse die Zutaten in einem großen Gefäß ziehen und fülle dann die Flüssigkeit ohne die Schalen ab.

2

Tipps und Hinweise

> Wattepads werden einmal verwendet und landen dann im Müll. Da die Herstellung von Baumwolle unglaublich viel Wasser benötigt, haben einige Hersteller bereits auf Bio-Wattepads umgestellt. Du kannst deine Wattepads aber auch ganz einfach selbst machen: Aus alten Handtüchern werden runde oder rechteckige kleine Stücke ausgeschnitten. Noch besser werden diese zusammengenäht und ggf. mit etwas Stoff befüllt – fertig! Achte darauf, dass sich der Stoff gut als Wattepadalternative eignet, dass er z. B. eine gute Saugfähigkeit und deine bevorzugte Oberfläche (eher glatt oder etwas rauer) hat. So kannst du wiederverwendbare Pads herstellen, denn du kannst sie nach Gebrauch einfach in die Waschmaschine stecken. Achte jedoch beim Waschen darauf, dass die Pads in einem Wäschenetz liegen – sonst sind sie nach dem Waschgang vielleicht unauffindbar.

> Kleiderschrank ausgemistet? Nicht mehr tragbare T-Shirts können ideal als Lappen verwendet werden. Du kannst z. B. einen Zugluftstopper aus zwei Jeansbeinen nähen und mit alten Klamotten stopfen. Sei kreativ oder werde im Internet fündig. Alte Kleidungsstücke kannst du auf dem Flohmarkt verkaufen oder spenden – das schenkt ihnen ein zweites Leben.

Tag 13
Fahre Fahrrad

Autos sind vor allem auf den ersten Kilometern sehr ineffizient. Nutze daher für kurze Strecken lieber das Fahrrad oder gehe zu Fuß. Zudem verbindest du mit einer Portion frischen Luft deine sportliche Betätigung des Tages.

Anfängermodus

Ersetze heute eine Fahrt mit dem Auto durch eine Fahrt mit dem Fahrrad. Zwei bis drei Kilometer sollten es mindestens sein – alles darunter sollte sowieso mit dem Fahrrad oder zu Fuß gemacht werden.

Expertenmodus

Fährst du regelmäßig mit dem Fahrrad? Dann mache mit Freunden, der Familie oder auch alleine einen Ausflug mit deinem Rad. Wie wäre es außerdem mit einem Picknick? Genieße einfach die Zeit an der frischen Luft. Auch im Winter gibt es schöne Tage, um Rad zu fahren. Bei Schneefall bietet sich alternativ eine Wanderung mit der Familie oder mit Freunden an.

Tipps und Hinweise

> Fahrradfahren macht nur Spaß, wenn das Fahrrad auch richtig eingestellt und vorbereitet ist. Schaue also, bevor du loslegst, ob der Reifendruck passt, der Sattel die richtige Höhe hat und die Kette geölt ist. Zudem ist es ratsam, ein Fahrrad mit dünnen Reifen zu verwenden, um den Widerstand zu verringern und flott voranzukommen.

> Wenn du dein Auto stehen lässt und mit dem Fahrrad unterwegs bist, dich aber gleichzeitig fleischbetont ernährst, ist leider nichts gewonnen. Dein erhöhter Kalorienverbrauch, der durch Fleisch oder Milchprodukte gedeckt wird, ist mit vielen CO_2-Emissionen verbunden, die deine Einsparungen durch das Weglassen des Autos wieder aufwiegen.

> Vitamin D ist ein besonderes Vitamin: Es bildet sich in den helleren Jahreszeiten durch die direkte Sonneneinstrahlung auf die Haut. Im Winter bzw. am Frühlingsanfang oder Herbstende reicht aber die Strahlungsintensität der Sonne nicht mehr aus, Vitamin D auf der Haut zu bilden. Vitamin D ist aber durch den Körper speicherbar. Deshalb ist empfohlen, sich zwischen März und Oktober 20 Minuten pro Tag ungeschützt, d. h. ohne Sonnencreme, in der Sonne aufzuhalten, also mindestens Gesicht, Hände und Arme.[31] Wird dies konsequent gemacht, reichen die Reserven über die kalte Jahreszeit hinweg.

> Die richtige Kleidung macht's! Achte darauf, dass du für jeden sportlichen Anlass geeignet gekleidet bist. So macht es in jeder Jahreszeit Spaß, sich zu bewegen. Im Winter sollten auf jeden Fall alle freien Körperstellen abgedeckt sein bis auf das Gesicht. Zu warm eingepackt, kommst du nur zu schnell ins Schwitzen.

Tag 14
Mache dich fit

In dieser Woche liegt der Fokus – neben dem Einstieg in die gesunde, umweltbewusste Ernährung – auf dem Thema Bewegung. Du wirst sehen, wie einfach es ist, auch ohne teure Geräte oder Fitnessstudio etwas für die eigene Gesundheit zu tun. Was eine Sporteinheit mit Ökologie zu tun hat? Wer regelmäßig Sport treibt, wird ausgeglichener und selbstbewusster – genau das, was wir für die nächsten Wochen brauchen.

Im Gegensatz zu allen anderen Challenges gibt es heute drei verschiedene Modi. Wenn du also schon länger keinen Sport gemacht hast oder aktuell nicht in Form bist, dann machst du heute am besten den Absolute-Beginner-Modus.

Absolute-Beginner-Modus

Mache heute ein kleines Workout. Die Sportart kannst du dir selber aussuchen, versuche aber mindestens 20 bis 30 Minuten durchzuhalten. Für Anfänger bieten sich (Nordic-)Walking, Schwimmen oder Yoga an.

Anfängermodus

Im Anfängermodus versuchen wir heute etwa 30 bis 45 Minuten Sport zu treiben. Auch dir steht dabei die Sportart frei. Zusätzlich zu den erwähnten Sportarten aus dem Absolute-Beginner-Modus kannst du auch eine Runde laufen gehen.

Expertenmodus

Im Expertenmodus treiben wir heute 45 bis 60 Minuten Sport. Auch dem Experten steht natürlich die Sportart frei. Aber vielleicht probierst du heute mal etwas aus, das du nicht regelmäßig machst. Dazu bietet sich beispielsweise eine der Trainingseinheiten an, die wir online auf *www.oeko-rebellen.de* bereitgestellt haben.

Tipps und Hinweise

> Wer lieber zu Hause eine Trainingseinheit mit dem eigenen Körpergewicht durchführen möchte, der findet zu allen drei Trainingsmodi ein Workout online auf unserer Webseite *www.oeko-rebellen.de*. Dabei handelt es sich um ein 8-Minuten-HIT-Workout. Damit lassen sich inkl. Warm-up und Cool-down in etwa 15 Minuten erstaunliche Erfolge erzielen. Beispielsweise werden in so kurzer Zeit bis zu 360 kcal verbrannt.[30] Diese Zeit fällt ansonsten bereits für den Weg ins Fitnessstudio an (was nebenbei Geld und CO_2 einspart).

> Lasse das Warm-up nicht weg. Auch das Cool-Down ist nicht zu vernachlässigen. Diese zusätzlichen Minuten zu investieren fördert die Regeneration, steigert die Beweglichkeit und mindert das Verletzungsrisiko.

> Um das Optimale aus dem Workout herauszuholen, sollten dem Körper direkt nach dem Training Nährstoffe zugeführt werden. Dies beschleunigt die Regeneration. Am einfachsten sind Obst und ein paar Nüsse oder Samen.

> Kaufe nicht für jede Sportart eigene Kleidung. Eine gut sitzende Hose und ein T-Shirt bzw. Pullover kann für jede Sportart eingesetzt werden. Du brauchst nicht fürs Jogging, Radfahren, Wandern oder Fitnessstudio jeweils eigene Kleidung. Betreibst du eine Sportart wirklich häufig, kannst du dich natürlich professionell einkleiden, ansonsten reicht einfache Sportkleidung.

Nachhaltig unterwegs

- Wenn du einen Tag auf Reisen bist, kannst du dich darauf gut vorbereiten: Nimm mindestens einen Liter Leitungswasser mit, dann kommst du unterwegs nicht in Versuchung, etwas zu kaufen. Zudem kannst du die Flasche überall wieder auffüllen. Auch wenn du keinen Zugang zu einem Wasserhahn hast, kannst du nachfragen, ob dir die Flasche mit Leitungswasser aufgefüllt wird.

- Leitungswasser kannst du auch in anderen Ländern wie Italien, Kroatien, Österreich, Schweiz, Tschechien, Spanien oder Frankreich bedenkenlos trinken.

- Ebenso lässt sich Obst super einpacken, aber auch ein Overnight-Müsli kann als Energiespender ideal mitgenommen werden. Selbstbelegte Vollkornbrote mit Aufstrich, Salat und Gemüse schlagen alle belegten Brötchen an Tankstellen oder Bahnhöfen. Wenn du ohne Kaffee nicht auskommst, dann nimm wenigstens deinen eigenen Becher mit.

- Bist du länger unterwegs, reist du am besten mit wenig Gepäck. Ein Rucksack reicht meist für einen 7-Tage-Urlaub. So kannst du gut mit öffentlichen Verkehrsmitteln verreisen. Wer doch das eine oder andere Teil waschen muss, kann auf Reisewaschmittel zurückgreifen.

- *Expertentipp:* Packe zudem deine eigene Seife ein, oder nimm die angebrochene Seife im Hotel mit nach Hause, da diese sonst nur im Müll landet. Seife besteht jedoch oft aus Palmöl (siehe Challenge ab Seite 91).

- Das Reisen per Nachtzug kann sehr angenehm sein, zumal dadurch eine Hotelübernachtung wegfällt. Die Österreichische Bahn (ÖBB) bietet ein gutes Angebot an Reisezielen in Europa mit Start in Deutschland an, mit der du effizient und erholsam an dein Ziel kommst. Wer sich etwas Luxus gönnen will, kann eine Zweierkabine buchen. Dies ist wohl die komfortabelste Art zu reisen. Teste es bei deinem nächsten Urlaub doch mal aus!

2

Woche 3

Grenzen ausloten und Perspektive wechseln

Das Thema dieser Woche fokussiert sich darauf, einmal die Perspektive zu wechseln. Oft gewöhnt man sich Dinge an und macht sie, ohne sie zu hinterfragen. Daher loten wir diese Woche unsere Grenzen aus, um herauszufinden, ob nicht auch ein anderer Weg möglich ist.

Wochenfokus: Minimiere deinen Konsum

Da Konsum in hoch entwickelten westlichen Staaten einen sehr hohen Stellenwert hat, aber auch viele negative Folgen nach sich zieht, besteht der Wochenfokus »Minimiere deinen Konsum« daraus, nichts zu kaufen, was nicht gerade notwendig ist. Frage dich also bei jedem Kauf, ob du das gewünschte Produkt wirklich brauchst, und umgehe so unnütze Käufe. Diese Woche sind im Einkaufswagen z.B. tabu:

- Drogerieartikel
- Kleidung und Accessoires
- Dekoartikel
- Technik
- Bücher, Zeitschriften, DVDs oder andere Medien
- Fast Food (auch das belegte Brötchen beim Bäcker)
- Coffee to go

Tag 15
Vermeide Palmöl

Was ist das Problem mit Palmöl? Die hohe Nachfrage nach dem aus dem Fruchtfleisch der Ölpalme gewonnenen Öl führt zur Abrodung des Regenwalds in tropischen Ländern. Die Plantagen nehmen weltweit mittlerweile 27 Millionen Hektar an Regenwaldgebieten ein, was in etwa drei Vierteln der Fläche von Deutschland gleichkommt.[33] Dies führt zu immensen Problemen für unsere Um- und Tierwelt. Durch die Abrodung und Verbrennung der Regenwälder werden z. B. CO_2- und Methanemissionen freigesetzt und gefährdeten Tierarten der Lebensraum entzogen.[34]

Etwa 50 Prozent des in Deutschland importierten Palmöls geht in die Energieerzeugung ein, z. B. für Bio-Sprit sowie Strom- und Wärmeerzeugung. Ungefähr 25 Prozent findet sich in den Lebensmittelregalen von Supermärkten wieder, und der Rest wird für Futtermittel, Hygiene-, Reinigungs- und Kosmetikartikel verwendet.[35]

Anfängermodus

Gehe heute alle Lebensmittel, Hygiene-, Reinigungs- und Kosmetikartikel in deinem Badezimmer durch, und überprüfe diese auf ihren Inhalt. Damit bekommst du ein Gefühl dafür, wo überall Palmöl enthalten ist. Suche dir daraufhin eines der Produkte aus, auf das du am leichtesten verzichten kannst, und streiche dieses ein für alle Mal von deiner Einkaufsliste.

Expertenmodus

Genau wie bei der Anfängerchallenge untersuchst du heute alle Lebensmittel, Hygiene-, Reinigungs- und Kosmetikartikel in deinem Haushalt nach Palmöl. Als Experte streichst du zudem sämtliche Produkte, die Palmöl enthalten, von deiner Einkaufsliste und ersetzt diese durch palmölfreie Alternativen. Auch wenn du die aussortierten Produkte nicht mehr konsumieren möchtest, brauche bitte trotzdem die Reste noch auf – denn die Produkte einfach wegzuschmeißen wäre doch sehr schade.

Tipps und Hinweise

> Es ist gar nicht so einfach herauszufinden, welche Produkte Palmöl enthalten. Grund dafür ist, dass es zwar prinzipiell in den Inhaltsstoffen aufgeführt ist, die Bezeichnungen aber teilweise kryptisch sind, beispielsweise »Elaeis Guineensis«. Unter folgendem Link findest du eine Auflistung aller Bezeichnungen, die mit Palmöl in Verbindung stehen: *www.umweltblick.de/index.php/palmoel/deklarationen-von-palmoel/95-deklarationen-von-palmoel*

> Du kannst dir das Überprüfen deiner Produkte erleichtern, indem du z. B. die App *CodeCheck* benutzt. Mit dieser kannst du ganz einfach den Barcode eines Produkts scannen und erhältst daraufhin Informationen zu dessen Inhaltsstoffen. Ein weiterer Vorteil: Du lernst gleich noch, welche anderen bedenklichen Inhaltsstoffe enthalten sind. Du wirst oftmals erstaunt sein!

> Verlasse dich nur auf vertrauenswürdige Siegel, wie Demeter, Bioland, Fairtrade oder Natrue.

> Ein weiterer Grund, um auf Palmöl zu verzichten: Es enthält einen hohen Anteil an gesättigten Fettsäuren. Im Gegensatz zu den gesunden ungesättigten Fettsäuren kann unser Körper diese selbst herstellen – du musst sie dir also nicht extra zuführen.

> Die Organisation »Rettet den Regenwald e. V.« nennt sieben Tipps, wie Palmöl erkannt und vermieden werden kann:[34]

1. Selbst kochen

2. Kleingedrucktes auf den Verpackungen lesen

3. Beim Personal nachfragen oder einen Brief an den Hersteller verfassen

4. Petitionen unterzeichnen und Politiker befragen. Schaue gleich auf der Seite www.regenwald.org vorbei, und unterzeichne die dort eingestellten Petitionen. Du kannst dich auch an einen Abgeordneten wenden und diesen auf Missstände hinweisen. Wie das geht? Ganz einfach über *www.abgeordnetenwatch.de*.

5. Demonstrationen besuchen

6. Das Fahrrad oder öffentliche Verkehrsmittel nutzen

7. Wissen weitergeben. Sprich das Thema bei Freunden und Bekannten an, damit diese auch sensibilisiert werden.

3

Tag 16
Dusche kürzer

In allen Studien, die das deutsche Energiesystem von heute bis 2050 betrachten, wird zwar von einer erheblichen Einsparung von Heizenergie ausgegangen, aber einem gleichbleibenden Warmwasserbedarf. Warum fällt es uns so schwer, Warmwasser einzusparen? Kaltes Wasser ist genauso säubernd, genauso effektiv wie warmes Wasser. Probiere es diese Woche aus!

Anfängermodus

Dusche heute nur die Hälfte der Zeit, die du üblicherweise brauchst. Stelle den Wasserhebel dafür auf lauwarmes Wasser.

Expertenmodus

Du bist Experte in Sachen Klimaschutz? Dann kommt heute eine harte Nuss: Dusche kalt. So kalt es geht. Anders als im Anfängermodus gibt es hier kein zeitliches Limit. Du darfst so lange duschen, wie du willst. Mal sehen, wie lange du es aushältst!

Tipps und Hinweise

> Fünf Minuten mit 30 Grad Celsius lauwarmem Wasser statt zehn Minuten mit 40 Grad Celsius warmem Wasser spart ca. 0,7 Kilo CO_2 ein (Warmwasserbereitung mit Erdgas) bzw. knapp 65 Prozent der Emissionen (gilt für jeden Energieträger).

> Fünf Minuten kaltes Duschen spart 97 Prozent der Emissionen ein statt zehn Minuten warmes Duschen.

> Kaltes Duschen härtet den Körper ab und stärkt das Immunsystem. So wirst du seltener krank.

> Haut reagiert empfindlich auf warmes Wasser, daher ist es vorteilhaft, weniger Zeit zum Duschen zu verwenden. Außerdem sollte darauf geachtet werden, dass beim Abtrocknen die Haut nur abgetupft wird. Dabei wird die oberste, schützende Hautschicht nur wenig belastet. Dies führt dazu, dass keine oder nur wenig Cremes nach der Dusche verwendet werden müssen.

> Auf Baden in der Badewanne und Föhnen sollte ganz verzichtet werden. Kannst du ohne Föhnen nicht auskommen, dann trockne deine Haare zuerst mit dem Handtuch ab und föhne nur die letzte Nässe trocknen.

> Verwende Shampoo, Duschgel, Deo und Haargel in Maßen – eine mandelgroße Portion reicht meist aus.

> Wirf leere Shampoo- und Duschgelflaschen nicht direkt weg, sondern befülle sie zunächst mit Wasser. So kannst du auch die allerletzten Reste noch nutzen, welche oft noch für zwei- bis dreimal Duschen verwendet werden können.

> *Expertentipp:* Am leichtesten lässt sich kalt nach dem Sport duschen. Der Körper ist erhitzt, und eine Dusche mit kaltem Wasser ist angenehmer.

3

Tag 17
Kaufe Gebrauchtes

Jeder deutsche Haushalt besitzt durchschnittlich 10.000 Gegenstände. Viele davon werden nicht verwendet, werden aber auch nicht verkauft, verschenkt oder weggeschmissen – sie liegen einfach nur herum. Wir sollten aber den Wert von Gebrauchtem zu schätzen wissen, da es etwas darstellt, das für uns unbrauchbar geworden ist, das uns aber finanziellen Nutzen schenken und für andere noch einen Wert haben kann.

Anfängermodus

Kaufe etwas gebraucht, das du dir seit Längerem zulegen wolltest. Dazu kannst du eBay oder andere Gebrauchtportale nutzen. Oder du besuchst am Wochenende einen Flohmarkt in deiner Nähe – dort finden sich meist die größten Schätze.

Expertenmodus

Etwas Gebrauchtes kaufen lässt sich relativ schnell erledigen. Schwieriger ist es, etwas gebraucht zu verkaufen. Trotzdem bieten viele Onlineportale einen schnellen Einstieg an. Willst du gleich ganz viel loswerden, dann scheue dich nicht, es auf einem Flohmarkt zu verkaufen. Du wirst über die Finanzspritze für deine Urlaubskasse überrascht sein.

Tipps und Hinweise

> Verkaufe einen Gegenstand baldmöglichst, nachdem du merkst, dass du ihn nicht mehr benötigst. Somit tust du nicht nur der Umwelt etwas Gutes, da der Gegenstand weiterverwendet wird, sondern auch deinem Geldbeutel – denn der Verkaufserlös ist höher.

> Klebe dir Zettel an alle Dinge, die du nicht oder nur sehr selten benutzt. So kannst du herausfinden, ob du diese Sachen wirklich brauchst. Setze dir einen Zeitraum, z. B. drei Monate. Benutzt du einen Gegenstand in dieser Zeit, kann der Zettel weg. Hast du ihn aber nach Ablauf der Frist kein einziges Mal benutzt, dann solltest du ihn verkaufen.

Tag 18
Repariere Dinge selbst

Früher war es ganz normal, dass Dinge so lange repariert wurden, bis diese nicht mehr zu retten waren. Heute ist der Preis für einen neuwertigen Ersatz so niedrig, dass sich eine Reparatur gefühlt kaum lohnt. Doch nur weil sich die Sohle eines Schuhs löst, heißt das noch lange nicht, dass der Rest des Schuhs nicht noch in Schuss wäre. Oftmals geht es nur um kleine Änderungen, wie das Ankleben der Sohle, und der »kaputte« Gegenstand ist wieder einsatzbereit.

Anfängermodus

Bringe einen Gegenstand, der zu reparieren ist, zum Schuster, zum Schneider oder zum Elektriker, und schenke ihm so ein zweites Leben. Natürlich kannst du dazu auch ein Repair-Café aufsuchen.

Expertenmodus

Repariere einen Gegenstand selbst. Dies spart zusätzlich Geld und verfeinert dein Geschick für Handwerkliches. Falls du die Reparatur auf Anhieb nicht schaffst: Nimm dir ruhig die ganze Woche Zeit.

Tipps und Hinweise

> Ein konsequenter Weg ist, seine Kleidung auf Bio-Baumwolle umzustellen. Hier lassen sich im Vergleich zu konventioneller Baumwolle erhebliche CO_2-Mengen einsparen. Ganz auf neue CO_2-Emissionen verzichten kannst du aber, wenn du deine bereits gekaufte Kleidung entweder austrägst oder aber Löcher etc. reparierst.

> Einfache Reparaturen wie Socken stopfen, Hosen im Schritt nähen oder Schuhe kleben kannst du mit etwas Übung selbst erledigen – entweder per Hand oder mit der Nähmaschine.

> Richte dir einen Repair-&-Prepare-Day ein, an dem du in regelmäßigen Abständen – vielleicht einmal im Monat – alleine oder gemeinsam mit Freunden Gegenstände wieder in Schuss bringst. Mal sind die Schuhe dran, die wieder gepflegt werden und Farbe bekommen, mal das Fahrrad, das instand gehalten wird, mal die Socken, die gestopft werden – so verlängerst du den Lebenszyklus deiner Besitztümer.

3

Tag 19
Iss saisonales Gemüse aus der Region

Gemüse aus der Region hat nur wenige Transportmeter hinter sich und ist daher an Frische nicht zu überbieten. Hat es auch noch Saison, schmeckt man die Aromen richtig. Zudem muss Gemüse, das in der Saison angebaut wird, weniger gedüngt und gespritzt werden, da es nach seinem biologischen Rhythmus wächst.

Anfängermodus

Mache dich schlau, wo in deiner Nähe ein Bauernmarkt stattfindet, und kaufe dort ein Gemüse, das gerade Saison hat und das du noch nie gegessen hast. Suche dir aus einem Kochbuch oder im Internet ein einfaches Rezept für dieses Gemüse, und koche dir ein leckeres Gericht daraus.

Expertenmodus

Lege bei deinem Einkauf auf dem Wochenmarkt nur Gemüse in deinen Einkaufskorb, das gerade Saison hat und aus der Umgebung kommt. Meide dabei alle nichtregionalen oder -saisonalen Gemüsesorten. Seine eigenen Tüten zu verwenden, versteht sich von selbst.

Tipps und Hinweise

> Auch im Winter gibt es eine unglaubliche Nahrungsvielfalt – selbst wenn du dich auf saisonales Gemüse beschränkst. Grünkohl ist z. B. ein heimisches Superfood, das im Winter überall erhältlich ist. Andere Kohlsorten und Wintergemüse stehen dem Grünkohl aber in nichts nach. Vermeide also Tomaten, Zucchini oder Gurken im Winter, auch wenn du es gewohnt bist. Genieße die Vielfalt – du wirst feststellen, dass das eine oder andere neue Lieblingsgemüse dabei sein wird.

> Im Winter gibt es z. B. folgende saisonale Gemüsesorten (Aufzählung nicht vollständig): Rosenkohl, Grünkohl, Weißkohl, Rotkohl, Chinakohl, Pastinake, Knollensellerie, Petersilienwurzel, Schwarzwurzel, Steckrübe, Rote Bete, Weiße Rübe, Schwarzer Rettich, Karotte, Zwiebel, Kartoffel, Porree, Feldsalat, Chicorée, Wirsing, Kürbis (Lagerware) und viele mehr.

Tag 20
Spare Heizenergie

Eine warme Wohnung ist ein Luxus, der für uns Alltag geworden ist. Trotzdem sollte jedem bewusst sein, dass der Verbrauch von Heizenergie negative Auswirkungen hat. Die Heizung lässt sich zwar weniger leicht auf erneuerbare Energien umstellen, als dies z. B. bei Strom der Fall ist, aber einsparen lässt sie sich ebenso leicht. Deshalb liegt der Fokus dieser Challenge auf der Einsparung von Heizenergie.

Anfängermodus

Senke die Rauminnentemperatur um 1 Grad Celsius, und finde heraus, ob es noch angenehm für dich ist. Oft stellen wir die Heizung viel wärmer ein als nötig. Schließe außerdem die Türen zu unbeheizten oder weniger beheizten Räumen, um ein angenehmeres Raumklima zu erreichen.
Machst du diese Challenge im Sommer, dann sieh dir den Kasten auf Seite 104 an, und ergreife eine der dort beschriebenen Maßnahmen selbst. Diese Maßnahmen entlasten nicht nur die Umwelt, sondern auch deinen Geldbeutel!

Expertenmodus

Mache alles so wie im Anfängermodus, aber senke die Rauminnentemperatur gleich um 2 Grad Celsius oder mehr.
Setze im Sommer gleich zwei Maßnahmen von Seite 104 um.

Tipps und Hinweise

> Bei gängigen Heizkörpern stellt Stufe 3 meist 20 Grad dar. Eine Stufe höher oder niedriger bedeutet ungefähr 4 Grad Celsius Temperaturunterschied. Wenn du die Raumtemperatur um nur 1 Grad Celsius senkst, sparst du etwa 6 Prozent der Heizenergie pro Jahr.

> Ähnlich wie Ökostrom kann auch bei der Heizung auf erneuerbare Energien umgestellt werden, ohne die Heizung austauschen zu müssen. Für Wärmepumpen gibt es Ökostromangebote, Gas kann auf veganes Biogas aus Abfallbiomasse umgestellt werden oder auf innovative Produkte wie Windgas von Greenpeace Energy zurückgegriffen werden.

Günstige, schnell umsetzbare Maßnahmen zum Sparen von Heizenergie

1. Rohrisolierungen im Heizungskeller lassen sich leicht anbringen und kosten nicht viel.

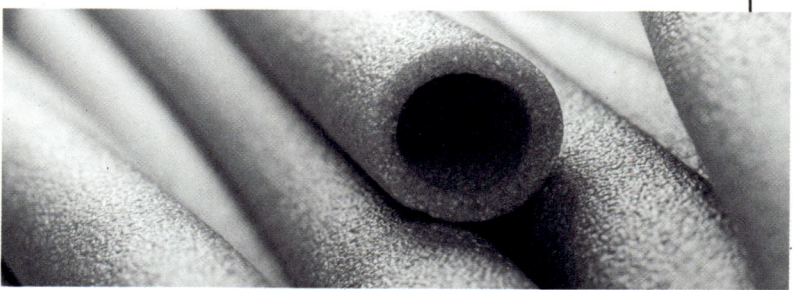

2. Eine Kellerdeckendämmung lässt sich mittels Styroporplatten relativ leicht selbst anbringen, wenn die Decken nicht zu verwinkelt sind bzw. viel an der Decke angebracht ist. Die Vorteile sind ein geringerer Wärmeverlust in den Keller und dass die Bodentemperatur im Wohnbereich steigt.

3. Viel Heizenergie lässt sich mit steuerbaren Heizungsventilen sparen. Sie sind sehr kostengünstig und lassen sich ohne handwerkliche Vorkenntnisse installieren. Nach der Installation wird das Gerät auf Wunschzeiten und -temperaturen programmiert. Am besten du nutzt hier auch eine Nachtabschaltung.

4. Lasse immer einige Zentimeter Platz zwischen Heizkörper und Möbelstück. Heizkörper laufen nach dem Prinzip Wärmestrahlung. Strahlung, wie z. B. auch Licht, kann sich aber nur richtig im Raum ausbreiten, wenn sie unabgeschirmt strahlen kann.

5. Nutzt du deinen Dachboden nicht, kannst du hier sehr einfach und kostengünstig Wärmedämmung anbringen.

6. Weitere einfache Tipps:
   a. Heizkörperreflektorfolien: Diese werden hinter den Heizkörper geklebt und reflektieren die Wärmestrahlung in den Wohnbereich.
   b. Gummidichtungen an Türen und Fenstern
   c. Zugluftstopper

Wohnraum und Flächenversiegelung

- Flächenversiegelung ist neben der intensiven Landwirtschaft der Hauptgrund für das Artensterben und u. a. einer der Gründe für verstärkte Hochwassergefahren in den letzten Jahren, da weniger Fläche zur Verfügung steht, die Wasser aufnehmen kann. Jede neu versiegelte Fläche trägt also zu einem weiteren Anheizen der Problematiken bei. Wir haben heute zwar das Problem der Wohnungsknappheit, das liegt aber nicht daran, dass wir zu wenig Wohnfläche hätten, denn diese steigt pro Bewohner weiter. Dies kann auf immer mehr Einzelpersonenhaushalte zurückgeführt werden, aber auch darauf, dass Häuser z. B. nach dem Auszug von Kindern unterbesetzt sind.
- Auf engerem Raum zu wohnen ist immer auch ökologischer. Denn wenn man weniger Fläche zur Verfügung hat, stellt man sich öfter die Frage, ob dieser oder jener Artikel überhaupt benötigt wird. Zudem mistet man eher aus und kann die Sachen gebraucht verkaufen oder verschenken. All dies führt zu einer besseren CO_2-Bilanz.

3

105

Tag 21
Optimiere das Waschen und Spülen

Lege dir die Challenge auf einen Tag, an dem sowohl die Spülmaschine als auch die Waschmaschine einsatzbereit sind. Um ökologisch korrekt zu bleiben, schalte die beiden Maschinen nur ein, wenn sie wirklich voll sind.

Anfängermodus

Im Anfängermodus wäschst du die Wäsche mit 30 Grad Celsius anstelle der üblichen 40, 60 oder 90 Grad Celsius. Bei der Spülmaschine kannst du 50 Grad Celsius anstatt deines üblichen Programms einstellen. Hast du eine Maschine mit Eco-Modus, dann nutze diesen. Er benötigt zwar meist länger, dafür wird aber mit weniger warmem Wasser gearbeitet.

Expertenmodus

- Wasche heute kein Geschirr mit der Hand, da die Spülmaschine viel effizienter arbeitet. Vermeide auch eine Vorwäsche.
- Teste heute, wie viel Wasch- bzw. Spülmaschinenmittel du wirklich brauchst. Dazu nimmst du einfach die Hälfte der üblichen Portion und schaust, ob trotzdem alles deinen Ansprüchen entsprechend sauber ist. Dazu kannst du z. B. Spülmaschinentabs halbieren. Bist du zufrieden mit dem Ergebnis, kannst du die Menge weiter halbieren oder testen, ob noch etwas weniger auch ausreicht. Sollte es nicht ganz deinen Wünschen entsprechen, dann gehe nicht sofort zu deiner üblichen Menge zurück, sondern teste aus, ob vielleicht drei Viertel der Menge ausreichen.
- Zudem ist Ziel der heutigen Challenge, auf den Trockner zu verzichten. Lasse die Wäsche also auf dem Wäscheständer trocknen, wenn möglich draußen.

Tipps und Hinweise

> Vermeide beim Wäschewaschen Weichspüler. Seine Inhaltsstoffe sind gar nicht gut für die Umwelt, und er kostet unnötig Geld.

> Alte Kondensationstrockner solltest du am besten nicht mehr verwenden, da diese sehr viel Energie benötigen. Hänge die Wäsche lieber draußen auf.

> Hast du im Winter trockene Luft in den Räumen? Dann kann das Wäschetrocknen im Raum die Luftfeuchte anheben.

> Wer Geschirr statt mit der Hand mit der Maschine wäscht,
> • spart Zeit von unnötiger Hausarbeit
> • spart Energie und Wasser, da Maschinen viel effizienter arbeiten und
> • belastet seine Haut weniger.

> Für eine volle Ladung benötigt eine neue Spülmaschine etwa 15 Liter Wasser, mit der Hand gespült wird das Dreifache benötigt. Mit Erdgas braucht das Handwaschen 530 Gramm CO_2, mit Strom etwa 350 g CO_2 und mit Ökostrom 15 Gramm CO_2. Du kannst also mit der Spülmaschine 33 Prozent der CO_2-Emissionen einsparen, mit Ökostrom sogar 97 Prozent.

> Neuere Maschinen erkennen, ob weniger Inhalt in der Maschine ist, und passen das Waschprogramm entsprechend an. Trotzdem benötigen zwei halbvolle Waschprogramme mehr Energie, Wasser und Wasch-/Spülmittel als eine volle Maschine.

3

Woche 4
Nur wer selbst brennt, kann andere anzünden

Klimaschutz kann nur funktionieren,
wenn die Mehrheit der Menschen ihren
Lebensstil überdenkt. Deshalb ist
es wichtig, dass Vorbilder durch ihren
positiven Einfluss andere inspirieren,
selbst etwas zu verändern.
Daher beschäftigen wir uns diese Woche
mit Selbstoptimierung — denn nur
wenn wir mit gutem Beispiel vorangehen,
können wir andere mitziehen.

Wochenfokus: Erstelle einen Haushaltsplan

Es ist sinnvoll, seine Ausgaben zu kennen, denn jede Ausgabe hat ökologische Folgen. Erstelle dir deshalb für diese Woche einen Ausgabenplan. Ein solcher kann vielfältige Ausführungen haben. Du kannst alle Ausgaben am Ende des Tages grob aufschreiben und diese kategorisieren, oder du schreibst jede Ausgabe mit dem genauen Betrag direkt auf, wenn diese anfällt. Probiere einfach aus, was für dich am besten funktioniert. Dabei soll dir bewusst werden, wie viel Geld du an einem Tag brauchst und ob die eine oder andere Ausgabe nicht doch unnötig ist. Dies gilt vor allem für Konsumausgaben, die so nebenbei gekauft werden, wie das Schnäppchenshirt, die Zeitschrift, der Coffee to go usw.

Willst du deinen Haushaltsplan längerfristig verwenden, ist es ideal, wenn du dir am Anfang des Monats einen Betrag zur Seite legst, den du auch nicht mehr anfasst. Denn sparst du erst am Ende des Monats, bleibt weniger übrig als gewollt. In Woche 5 geben wir dann Tipps, was du mit deinem gesparten Geld anfangen kannst, damit nicht nur du davon profitierst, sondern auch die Umwelt.

Tag 22
Nutze öffentliche Verkehrsmittel

Das Auto ist der beste Freund des inneren Schweinehundes. Klingt komisch, ist aber leider so. Durch die Nutzung von öffentlichen Verkehrsmitteln bist du z. B. dazu gezwungen, dich vermehrt zu bewegen. Denn meist liegt die Bushaltestelle etwas weiter entfernt als die eigene Hofeinfahrt. So hast du unbewusst deine tägliche Portion Bewegung. Überwinde deinen Schweinehund, und lass dein Auto links liegen!

Anfängermodus

Fahre mit öffentlichen Verkehrsmitteln in die Arbeit, zur Schule oder zur Uni. Sollte es für dich wirklich unmöglich sein, morgens auf das Auto zu verzichten, dann ersetze diese Woche wenigstens eine Fahrt mit dem Auto durch eine Fahrt mit den Öffentlichen.

Expertenmodus

Nimm dir auf deine Fahrt mit den Öffentlichen ein Sachbuch und ein Notizbuch mit, und arbeite an einem Thema, das dich schon immer interessiert hat.

4

Tipps und Hinweise

> Eine einfache Rechnung soll verdeutlichen, warum auf ein Auto gut und gerne verzichtet werden kann: Betrachtet man ein Nettogehalt von 2000 € pro Monat und zieht davon die Kosten für die Grundbedürfnisse ab (Wohnen, Essen, Trinken, Strom, Gesundheit und Vesicherung), bleiben 1200 Euro übrig. Ein Kleinwagen kostet laut ADAC-Rechner bei 12.000 Kilometern Fahrleistung im Jahr knapp 3800 Euro, das entspricht etwa 25 Prozent des freien Budgets. Das heißt, du arbeitest etwa sechs Tage im Monat für das Auto. Fängst du mit 25 an zu arbeiten und gehst mit 65 in Rente, dann hast du zehn Jahre deines Lebens nur für dein Auto gearbeitet. Wird mehr verdient, bleibt das Verhältnis ähnlich, da meist auch der Anspruch an das Auto steigt.

> Meistens ist die Nutzung des öffentlichen Verkehrs langsamer, kostet also mehr Zeit. Da man aber nicht selbst fahren muss, kann man diese Zeit hervorragend für andere Sachen nutzen und gewinnt dadurch Zeit. Sieh z. B. Busfahren als geschenkte Zeit an, denn du gelangst von A nach B und musst nicht einmal selbst tätig sein. Du kannst die Zeit im Bus also für Sachen nutzen, für die du im Alltag oft keine Zeit findest, die dir aber trotzdem ein Bedürfnis wären. Wolltest du schon immer einmal deine Finanzen angehen? Hast du im Beruf schon einmal bemerkt, dass an gewissen Soft Skills noch gearbeitet werden muss? Öffentliche Verkehrsmittel verschaffen dir diese Zeit.

> Elektromobilität kann zwar eine globale Lösung zur Bekämpfung des Klimawandels sein, nicht aber eine Lösung für Einzelpersonen. Der Betrieb, die Erzeugung sowie die Verwertung kosten viele Ressourcen und Energie.

> In Zukunft muss sich unser Mobilitätssystem ändern. Es müssen mehr Autos zur Verfügung stehen, die leichte 1- oder 2-Sitzer und windschnittig sind und mit einem Elektromotor ausgestattet, einen geringen Verbrauch haben. Es wird versucht, jährlich neue Entwicklungen voranzutreiben und die Effizienz von Autos zu steigern, um die steigenden Klimaschutzziele im Verkehrsbereich einzuhalten. Anstatt immer größere Autos zu kaufen, wäre es ein Leichtes, die Ziele zu erreichen, wenn einerseits nicht jeder Kilometer allein zurückgelegt wird und wir uns andererseits wieder auf leichtere, effiziente Autos beschränken. So könnten wir mit der heute vorhandenen Technik die CO_2-Ziele einhalten.

Tag 23
Ziehe deine eigenen Keime und Sprossen

Samen haben bereits eine hohe Nährstoffdichte. Diese kann jedoch durch den Keimprozess nochmals gesteigert werden. Sie sind das frischeste und gesündeste Lebensmittel, das du finden kannst, denn der Keim gedeiht und arbeitet an seiner Nährstoffbilanz bis zu dem Zeitpunkt, wenn du ihn isst. Andere Lebensmittel verlieren ab dem Zeitpunkt der Ernte langsam ihre Nährstoffe. Keime sind das ganze Jahr über ziehbar und geben so auch im Winter viele Vitamine und Mineralstoffe. Um sie zu ziehen, benötigst du zudem nicht mehr als Wasser, Licht, Zeit und etwas Fürsorge.

Anfängermodus

Ziehe deine eigenen Sprossen. Du wirst zwar heute keine essen können, aber du kannst ihr Gedeihen vorbereiten. Kaufe dazu Mungobohnen, Berglinsen oder Buchweizen in Bio- oder Sprossenqualität.
Was du außerdem brauchst: ein feines Netz oder Tuch, ein Einweggurkenglas, einen Gummi und eine Schüssel.
Und so geht's:

- Zunächst müssen die Samen eingeweicht werden. Fülle dazu das Gurkenglas mit Samen, bis der Boden bedeckt ist, und überschütte sie mit doppelter bis dreifacher Menge Wasser. Die Samen quellen nun über Nacht auf und sollten immer mit Wasser bedeckt sein.
- Decke am nächsten Morgen die Glasöffnung mit dem Netz oder Tuch ab. Befestige es am besten mit einem Gummiband. Gieße nun das Wasser ab und stelle das Glas kopfüber und etwas schräg in eine Schüssel, damit das überschüssige Wasser abtropfen, gleichzeitig aber Luft an das Keimgut gelangen kann.
- Anschließend musst du die gequollenen Samen 2- bis 3-mal am Tag mit Wasser ausspülen. Dies sorgt dafür, dass die Keime immer wieder mit genügend Feuchtigkeit versorgt werden und unerwünschte Stoffe abtransportiert werden können. Danach werden sie wieder zum Abtropfen aufgestellt.

4

- Nach zwei bis drei Tagen sind die Keime und Sprossen verzehrfertig.

Die Temperatur sollte am besten zwischen 18 und 22 Grad Celsius liegen. Stelle das Glas außerdem an einen hellen Ort, an dem kein direktes Sonnenlicht einfällt. Die Keime und Sprossen sollten immer feucht sein, aber nie richtig nass. Eine ausreichende Luftzufuhr ist ebenso wichtig.

Expertenmodus

Befolge die Anweisungen im Anfängermodus.

Garniere zusätzlich jede deiner drei Hauptmahlzeiten der nächsten zwei oder drei Tage mit einem Esslöffel Keime oder Sprossen. Versuche, ein Beispiel an Keimen und Sprossen pro Hauptmahlzeit zu verwenden.

- Frühstück (Kamut, Sonnenblumenkerne, Buchweizen)
- Mittagessen (Mungobohnen, Belugalinsen, Berglinsen)
- Abendessen (Schwarzaugenbohnen, Tellerlinsen)

Tipps und Hinweise

> Keime und Sprossen sind deshalb so gesund, da während der Keimung Kohlenhydrate abgebaut und in für den Mensch direkt verwertbare einfache Zucker umgewandelt werden. Dadurch, dass der Anteil an Fetten, Proteinen und Ballaststoffen hoch ist, werden diese Zucker ohne Insulinfreigabe verdaut. Sie sind daher die beste Wahl für vor, während und nach dem Sport. Auch die anderen Hauptnährstoffe wie Fett und Eiweiß werden in die Einzelbausteine aufgespalten und sind daher für den Körper ideal zu verwerten. Keime bilden sogar Vitamin C aus, das im bloßen Samen nicht vorhanden ist. Auch der Gehalt der B-Vitamine steigt stark an. Zudem wird Phytinsäure abgebaut, die verhindert, dass der Körper Mineralstoffe wie Eisen verwerten kann.[10, 11]

Tag 24
Reduziere deinen Kaffeekonsum

Früher stand Kaffee im Schatten großer Bäume, was für eine höhere Artenvielfalt trotz Kulturpflanze gesprochen hat. Heute wird er in Monokulturen angebaut, und die Bäume werden gefällt, damit die Pflanzen schneller wachsen können. Dadurch haben Schädlinge ihre natürlichen Feinde verloren, was meist mit umweltschädlichen Pestiziden ausgeglichen wird. Mit dem traditionellen Anbau von Kaffee hat das wenig zu tun. Es ist nicht verwunderlich, dass Brasilien, der Kaffee-Exporteur Nr. 1, die höchsten absoluten Waldverluste zwischen 2010 und 2015 hatte.[37] Zudem sind die Arbeitsbedingungen auf Kaffeeplantagen meist alles andere als menschlich.

Verzichte also lieber auf Kaffee, oder reduziere ihn. Wenn es gar nicht ohne geht, dann kaufe fairen Bio-Kaffee, denn dort ist der Einsatz von Pestiziden verboten, und gleichzeitig erhalten Kaffeebauern ein angemessenes Einkommen.

Anfängermodus

Trinke heute keinen Kaffee.
Finde heraus, ob du überhaupt Kaffee benötigst oder ihn nur aus Gewohnheit trinkst. Vielleicht fällt es dir ja gar nicht so schwer, darauf zu verzichten. Analysiere ansonsten: Zu welchem Zeitpunkt wirst du unkonzentriert oder müde? Vielleicht hilft es, dich kurz zu bewegen.
Du bist Teetrinker? Dann lasse heute den Grün- oder Schwarztee weg. Kräutertee ist erlaubt!

Expertenmodus

Steige auf Lupinenkaffee um.
Lupinenkaffee kommt dem Geschmack von Kaffee sehr nahe, ist aber magenschonender. Probiere ihn aus, vielleicht funktioniert für dich ja diese wohlschmeckende, regionale und koffeinfreie Alternative. Lupinenkaffee gibt es im Bio-Supermarkt und kostet ähnlich viel wie Bio-Kaffee.

4

Du bist Teetrinker? Dann bereite ihn heute kalt gebrüht zu, das heißt, lasse ihn über Nacht ziehen.

Tipps und Hinweise

> Das wirklich Umweltbelastende am Coffee to go ist nicht nur der Becher, sondern auch der Inhalt. Spare also doppelt, am Becher und am Kaffee.

> Der Anbau und die Zubereitung von Kaffee haben die größte Auswirkung auf die Umwelt, zusammen nämlich 86 Prozent der Emissionen. Der Rest entfällt auf Transport, Verpackung etc. Bio- und Fairtrade-Kaffee sorgt zwar für gute Arbeitsbedingungen und ist daher die einzig richtige Wahl, er sorgt aber nicht für eine weiße Umweltweste.[38]

> Ein einfacher Tipp für Teetrinker: Willst du eine ganze Kanne oder nur eine Tasse Tee aufbrühen? Nimm die Kanne oder Tasse als Messbecher, und schütte das Wasser von dort in den Wasserkocher. So hast du immer die richtige Menge und erwärmst nicht unnötig Wasser. Denn immer dort, wo hohe Temperaturen im Spiel sind, ist auch der Energieverbrauch hoch. Ein weiterer Bonus: Das Entkalken fällt geringer aus. Teste hierzu aus, mit wie wenig Wasser dein Wasserkocher umgehen kann – er schaltet sich selbst aus, sollte zu wenig drin sein.

Tag 25
Optimiere deinen Schlaf

Wann kann man sich am besten erholen? Natürlich im Schlaf. Die folgende Challenge zielt darauf ab, dass ein erholtes Ich für Aufgaben des Alltags besser gewappnet ist. Zudem verhindert es, dass wir in Phasen mentaler Schwäche kommen. Denn schlechter Schlaf fördert Stress, und Müdigkeit lässt uns zu schneller Energie (Zucker, Fettreiches, Fast Food) oder Koffein greifen. Er lässt uns zudem schneller altern und langsamer regenerieren. Was unseren Schlaf am meisten stört, sind technische Geräte. Schalte deshalb heute einfach mal ab.

Anfängermodus

Schalte alle technischen Geräte eine Stunde vor dem Zubettgehen, aber spätestens um 22 Uhr aus. Verbanne zudem das Smartphone aus deinem Schlafzimmer. Dein Handy ist dein Wecker? Dann werde kreativ: Du findest sicherlich einen anderen Weg, nicht zu verschlafen. Du wirst sehen: Ohne die elektrischen Geräte in deiner Umgebung kannst du viel besser einschlafen. Wenn du dein Handy über Nacht ausschaltest, verlängerst du gleichzeitig das Leben deines Smartphones.

Expertenmodus

Mache als Experte den Anfängermodus, und stehe in der Früh direkt beim ersten Weckerklingeln auf. Die Schlummertaste ist dein bester Freund? Heute nicht! Stehe sofort auf, auch wenn es dir schwerfällt – so hast du einen aktiveren Start in den Tag.

4

Tipps und Hinweise

> Schlummern versetzt uns in Stress, da die Zeit zu kurz ist, um erholsamen Schlaf zu finden. Das Ergebnis: Der Körper schüttet das Stresshormon Cortisol aus. Es verhindert z. B., dass der Körper Fett verbrennen kann.[9, 39]

> Stecke den WLAN-Router an eine Zeitschaltuhr, die ab 22.30 Uhr das WLAN ausschaltet, oder stelle die zeitliche Abschaltung direkt bei deinem Router ein.

> Um richtig schlafen zu können, sollten folgende Punkte beachtet werden:
> - Vermeide vor dem Zubettgehen blaues Licht von Bildschirmen.
> - Lüfte vor dem Schlafengehen noch einmal richtig durch und schließe das Fenster (außer im Sommer), um störende Geräusche so gering wie möglich zu halten.
> - Die Raumtemperatur sollte beim Schlafen möglichst kühl sein (16 Grad Celsius).
> - Verdunkele den Raum, so gut es geht. Du kannst zwar auch bei Helligkeit schlafen, aber die Qualität deines Schlafs leidet.
> - Sei vor dem Einschlafen frei von Gedanken. Hier helfen ein Roman oder Hörbuch, Atemübungen, aber auch Beten, wenn du willst.
> - Mache dir vor dem Schlafengehen Notizen: Welche Gedanken, die dir im Kopf herumgehen, möchtest du in der Nacht loslassen? Am nächsten Tag ist wieder Zeit genug, darüber nachzudenken.
> - Bewegung am Tag fördert den Schlaf, eine gute Ernährung auch.
> - Habe Sex, auch das entspannt.

Tag 26
Nutze das Wochenende

Unter der Woche können viele Dinge nicht angegangen werden, da der Alltag es oft nicht zulässt. Am Wochenende hätten wir genügend Zeit dafür, viel zu oft verbringen wir diese Zeit jedoch im Bett. Ausschlafen ist zwar schön – wenn man jedoch früh aufsteht, kann man den Tag ganz anders nutzen und damit mehr Zeit für andere Dinge gewinnen. Probiere es aus – Ideen findest du in der folgenden Tabelle. Alle Vorschläge sind mit Punkten versehen, die sich an die Dauer und den Schwierigkeitsgrad der Wochenendbeschäftigung anlehnen.

Wochenendbeschäftigung mit Punkten für Dauer und Schwierigkeitsgrad

1	2	3	4
Freunde treffen oder Verwandte besuchen	Meal Prep	Den Schrank ausmisten	Einen Fahrrad- oder Wander- ausflug machen
1	2	3	4
Sport treiben	Etwas reparieren	Heimisches Superfood suchen	Freunde zum Essen einladen
1	2	3	4
Kochen	Auf einem Flohmarkt bummeln	Einen Konsum- artikel selbst herstellen	Auf einem Flohmarkt verkaufen
1	2	3	4
Auf dem Wochen- markt einkaufen	Dinge online verkaufen	Ein DIY-Projekt starten	Einen Ausflug mit dem Zug statt mit dem Auto machen

4

Anfängermodus

Schlafe an einem Tag des Wochenendes nicht aus, sondern halte deinen typischen Wochenrhythmus bei. Versuche außerdem, vier Punkte aus der Tabelle von Seite 119 zu erzielen.

Expertenmodus

Schlafe an einem Tag des Wochenendes nicht aus, sondern halte deinen typischen Wochenrhythmus bei. Versuche außerdem, acht Punkte aus der Tabelle von Seite 119 zu erzielen.

Tipps und Hinweise

> Wer die Nacht durchzechen kann, kann auch früh aufstehen: Das beste Mittel gegen einen Kater ist leichte Bewegung. Nach dem anschließenden Duschen fühlt man sich im Vergleich zu vorher wie neu geboren.

> Eine Studie ergab, dass Schlaf am Wochenende nachzuholen wenig bringt. Zum einen sollte der Körper in jeder Nacht ausreichend Erholung bekommen, und zum anderen wird er stark unter Stress gesetzt, wenn kurzzeitig der Schlafrhythmus umgestellt wird. Dies kann mit Störungen im Stoffwechsel einhergehen und unsere Fettverbrennung verschlechtern. Zudem fördert es Krankheiten wie Diabetes.[40] Versuche daher, jede Nacht genügend Schlaf zu bekommen.

Tag 27
Gönne dir Digital Detox

Über E-Mail, Social Media und Messengerdienst sind wir rund um die Uhr erreichbar – ermöglicht durch Smartphone, Laptop und Tablet. »Digital Detox«, zu Deutsch »digitale Entgiftung«, soll uns von unseren digitalen Geräten befreien und dadurch Stress reduzieren. In der folgenden Challenge werden Möglichkeiten aufgezeigt, wie man sein eigenes Leben durch den zeitweisen Verzicht auf digitale Endgeräte entschleunigen kann und wieder mehr Zeit für die wichtigen Dinge im Leben gewinnt.

Anfängermodus

Lade dir eine App herunter, die deine Smartphonenutzung dokumentiert. Wie oft am Tag schaltest du den Bildschirm an deinem Smartphone an? Solltest du am Ende des Tages feststellen, dass du dein Handy mehr als 100-mal zur Hand genommen hast oder deine Smartphonezeit mehr als zwei Stunden deiner Freizeit beansprucht, dann solltest du etwas ändern. Wenn deine Smartphonenutzung in einem angemessenen Rahmen liegt: Gratulation! Du bist dem Rest der Gesellschaft schon einen großen Schritt voraus.

Expertenmodus

Mache heute Urlaub von deinem Smartphone und deinen Social-Media-Accounts. Am Anfang mag es vielleicht ein komisches Gefühl sein, nicht erreichbar zu sein oder nicht die neuesten Informationen abrufen zu können. Du wirst aber schnell feststellen, dass du entspannter durch den Tag gehst und mehr Dinge erledigen kannst, da du nicht ständig abgelenkt wirst. Nimm dir in Zukunft feste Zeiten, in denen du dein Smartphone bewusst zur Seite legst, z. B. ab 20 Uhr bis zum nächsten Morgen.

4

Tipps und Hinweise

> Untersuchungen zeigen, dass der durchschnittliche Smartphonenutzer sein Gerät etwa 80-mal am Tag entsperrt. Legt man eine achtstündige Nachtruhe zugrunde, dann greift der Durchschnittsbürger alle 12 Minuten zu seinem Gerät.[42] Gründe dafür sind zum einen, dass die ständige Erreichbarkeit mittlerweile vom Arbeitgeber, Freunden oder Familienmitgliedern eingefordert wird und zum anderen die Angst vorherrscht, etwas zu verpassen. Dafür hat sich mittlerweile sogar ein eigener Begriff entwickelt: FOMO (Fear of Missing Out) und die Gegenbewegung JOMO (Joy of Missing Out).

> Tipps, wie du deine Smartphonenutzung reduzieren kannst:[42]
> - Auslagern von Diensten: Nutze statt deines Smartphones einen analogen Wecker oder eine Armbanduhr.
> - Störungen reduzieren: Schalte die Push-Nachrichten deiner Apps aus und stelle dein Smartphone auf lautlos.
> - Nicht unter Druck setzen lassen: Lasse dich nicht von der Erwartungshaltung deiner Freunde/Kollegen unter Druck setzen, dass Nachrichten sofort beantwortet werden müssen. Beantworte die Nachrichten dann, wenn du Zeit dafür hast.
> - Sperrgebiete: Lege Zimmer in deiner Wohnung fest, in dem die Smartphonenutzung untersagt ist. Das Esszimmer oder Schlafzimmer bieten sich hier besonders an.
> - Freizeit: Nimm das Smartphone bei Restaurant- oder Kinobesuchen erst gar nicht mit oder lasse es am Abend in einem anderen Raum liegen.

Tag 28
Ändere deine Gewohnheiten

Auch wenn man es sich selbst nicht gerne eingesteht – im Laufe seines Lebens hat man einige Angewohnheiten entwickelt, auf die man nicht besonders stolz ist oder die man gerne ablegen möchte.

Oder man würde gerne etwas Neues in seinen Tagesablauf integrieren, hat sich aber bisher nicht dazu aufraffen können.

In der heutigen Challenge soll der Grundstein dafür gelegt werden, »schlechte« Gewohnheiten abzulegen und sich neue, »bessere« anzueignen. Es ist kaum zu glauben, aber Gewohnheiten bestimmen bis zu 50 Prozent unseres Tagesablaufs und sind dabei nicht einmal bewusste Entscheidungen.[46] Das heißt im Umkehrschluss, dass unsere Gewohnheiten den Großteil unseres Lebens prägen und es sich lohnt, diese Routinen für und nicht gegen sich zu nutzen.

Anfängermodus

Überlege dir heute insgesamt vier Gewohnheiten, die du gerne ablegen bzw. dir aneignen möchtest. Versuche, diese für die nächsten zwei Wochen umzusetzen. Wie genau du die Liste gestaltest, bleibt ganz dir überlassen. Es wäre natürlich schön, wenn du Gewohnheiten aus den Bereichen Umwelt, Ernährung und Bewegung auswählst.

Wem es schwerfällt, dies neben den täglichen Challenges und dem Wochenfokus durchzuführen, der legt heute nur die Liste an und hebt sich die Aufgabe für die beiden Wochen nach der 35-Tage-Challenge auf.

Die folgende Seite gibt einen Vorschlag, wie deine Liste mit Gewohnheiten aussehen könnte.

4

Meine neuen Gewohnheiten

	Mo 1	Di 2	Mi 3	Do 4	Fr 5	Sa 6	So 7	Mo 8	Di 9	Mi 10	Do 11	Fr 12	Sa 13	So 14
8.000 Schritte am Tag gehen														
Stand-by-Geräte ausschalten														
Das Auto stehen lassen														
7+ Stunden schlafen														

Expertenmodus

Überlege dir heute insgesamt acht Gewohnheiten, die du gerne ablegen bzw. dir aneignen möchtest. Die Dauer sollte ebenfalls mindestens zwei Wochen betragen.

Meine neuen Gewohnheiten

	Mo 1	Di 2	Mi 3	Do 4	Fr 5	Sa 6	So 7	Mo 8	Di 9	Mi 10	Do 11	Fr 12	Sa 13	So 14
8.000 Schritte am Tag gehen														
Stand-by-Geräte ausschalten														
Das Auto stehen lassen														
7+ Stunden schlafen														
3 x pro Woche Sport machen														
2 x pro Woche vegan essen														
1 Stunde lesen														
Keine Konsum-ware einkaufen														

Tipps und Hinweise

> Im angloamerikanischen Raum wird für Gewohnheiten der Begriff »Habits« verwendet. Besonders beliebt sind dort sogenannte Tiny Habits, also Gewohnheiten, die nicht länger als 30 Sekunden deiner Zeit beanspruchen. Solche Minigewohnheiten sind beispielsweise, sich vor dem Aufstehen ausgiebig zu strecken, ein Glas Wasser zu trinken, bevor man isst, oder öfter zu lächeln.

> Lege für jede Gewohnheit, die du umgesetzt hast, eine Belohnung fest. Wenn du die zwei Wochen durchgehalten hast, kannst du dich damit belohnen. Das verstärkt den Anreiz durchzuhalten.

4

Woche 5
Mehr als 10 Tonnen CO_2 einsparen

Jede kleine Veränderung in Richtung
Umweltschutz ist ein Fortschritt —
je größer aber die Einsparungen, desto
mehr steigt die Erfolgsquote.
Diese Woche gehen wir die großen
Aufgaben des Umweltschutzes an und
senken nicht nur den eigenen, sondern
auch den ökologischen Fußabdruck
unserer Mitbürger.

Wochenfokus:
Betrachte deine Ziele im Leben

Mache dir diese Woche Gedanken über deine Ziele im Leben. Hast du mehrere kleine Ziele für verschiedene Belange deines Lebens oder ein ganz großes Ziel, das du allem unterordnest? Was ist es, das dich antreibt? Was sind die Werte und Prinzipien deines Lebens, die dir wichtig sind?

Tag 29
Sei ökologisch auf der Arbeit

Die CO_2-Emissionen in deiner Arbeit werden nicht deinem Budget zugerechnet, sondern am Ende dem Endkunden. Sparst du Strom, Wärme oder andere Ressourcen ein, profitieren die Kunden von einem geringeren Fußabdruck beim Endprodukt. Agierst du nachhaltig, werden gleichzeitig deine Produkte nachhaltiger. Kannst du eine große Änderung ins Rollen bringen, reduzierst du demnach auch den Fußabdruck von vielen anderen.

Anfängermodus

Bisher haben wir nur deinen Alltag betrachtet. Einen Großteil deiner Zeit verbringst du aber in der Arbeit. Da hier nichts selbst bezahlt werden muss, wird oft auch wenig sorgsam mit Energie und Ressourcen umgegangen. Sei heute also achtsam, und versuche herauszufinden, was du anders machen könntest. Nutzt du z. B. bedrucktes, nicht mehr benötigtes Papier als Schmierpapier? Schaltest du auf Stand-by, wenn du länger nicht am Platz bist? Fährst du den PC herunter, wenn du nach Hause gehst? Ist das Licht den ganzen Tag an oder nur, wenn du es wirklich brauchst? Wie sieht es mit dem Licht im Gang oder in der Toilette aus? Druckst du Unterlagen doppelseitig im Tonersparprogramm? Drehst du die Heizung herunter, wenn du nach Hause gehst? Du siehst, es gibt viele Möglichkeiten, auch in der Arbeit achtsam zu sein.

Expertenmodus

Während wir im Anfängermodus passiv sind und nur eigene Handlungen achtsamer angehen, werden wir als Experte aktiv. Um dein Wirken auszuweiten, reiche Verbesserungsvorschläge bei zentralen Stellen ein. Hier ein paar Ideen:

- Firmeninterne Fahrradchallenge: Wer schafft es, innerhalb von zwei Wochen die meisten Fahrradkilometer hinter sich zu bringen?
- Betriebs- oder Firmenfahrräder
- Obstkörbe für Mitarbeiter (nach Möglichkeit bio, saisonal und regional)

5

- Keine To-go-Becher in Kaffeeautomaten
- Jobtickets für den öffentlichen Nahverkehr
- Umstellung auf Recyclingpapier
- Mülltrennung
- Wassersprudler
- Gesundes, pflanzenbasiertes Essen in der Kantine
- Umstellung auf elektrische Händetrockner oder waschbare Handtuchrollen
- Tonersparprogramm und Duplexdruck als Standardeinstellung bei Druckern
- Steuerbare Heizungsventile

Tipps und Hinweise

> Wer noch einen Schritt weitergeht und wirklich nachhaltig in seinem Beruf agieren möchte, kann einen Beruf wählen, der von Haus aus erneuerbare Energien, Energieeffizienz oder Nachhaltigkeit als Schwerpunkt hat. So kann dein Einfluss noch weiter ausgeweitet werden, nicht nur mit deinem Wirken während der Arbeit, sondern auch beim Betrieb des verkauften Produktes.

> Du bist Schüler oder Stundent: Auch hier gibt es genügend Möglichkeiten, Einfluss zu nehmen. Werde kreativ!

> Nutze eine nachhaltige Suchmaschine (z. B. Ecosia). Jede Suche verursacht jedoch CO_2-Emissionen – gib die Internetadresse deshalb lieber direkt über die Adresszeile ein.

> Mobile Daten benötigen mehr Energie als WLAN.

> Je größer eine Datei ist, desto höher ist der Energieverbrauch, wenn sie versendet wird. Überlege also, ob du eine Datei unbedingt verschicken musst. Das gilt auch für pirvat.

Tag 30
Bringe Steine ins Rollen

Der Kunde ist König – diesen Sachverhalt können wir uns auch auf ökologische Weise zunutze machen und die Macht des Kunden gegenüber Firmen ausspielen. Weisen wir auf freundliche Art auf Missstände hin oder geben konstruktive Verbesserungsvorschläge, kann es passieren, dass diese tatsächlich umgesetzt werden. Auch wenn anschließend nicht sofort etwas verändert wird, erfahren die Firmen trotzdem, was sich die Kunden wünschen, die ihre Produkte kaufen. Vielleicht bist du nur ein Tropfen auf dem heißen Stein, aber vielleicht auch genau derjenige Tropfen, der das Fass zum Überlaufen bringt.

Anfängermodus

Fallen dir Produkte ein, an denen dich etwas ärgert oder stört, z. B. weil sie doppelt und dreifach verpackt sind? Dann teile deinen Unmut mit. Wenn der Hersteller oder die entsprechende Firma nichts davon erfährt, werden sie nie etwas ändern. Deine Stimme ist lauter als du denkst. Nutze daher Online-Kontaktformulare oder kontaktiere den Hersteller per E-Mail. Du kannst natürlich auch direkt auf die Firma zugehen. Bleibe aber immer freundlich!

Expertenmodus

Schreibe wie im Anfängermodus über ein Onlinekontaktformular einer Firma, bei der dich etwas Unökologisches ärgert. Schreibe aber nicht nur, was dich stört, sondern liefere der Firma einen entsprechenden Verbesserungsvorschlag mit ein paar Daten und Fakten – das kann der ausschlaggebende Punkt sein, warum man deine Vorschläge in Erwägung zieht.

5

Tipps und Hinweise

> Die schlimmste Antwort, die du erhalten kannst, ist, dass du von der Firma eine Begründung bekommst, warum es derzeit nicht möglich ist, diese oder jene Maßnahme umzusetzen. Hab daher keine Scheu, Missstände anzusprechen. Dieses Eingeständnis der Firma kannst du vielleicht auch nutzen, in einigen Monaten oder einem Jahr wieder auf dasselbe Problem hinzuweisen. Hartnäckig sein bringt oftmals bessere Chancen auf Erfolg.

Tag 31
Gehe demonstrieren

Durch die Demonstrationen rund um den Hambacher Forst konnte endlich wieder Bewegung in die deutsche Energiewende und damit den Klimaschutz gebracht werden. Außerdem wird dadurch über den notwendigen Kohleausstieg diskutiert. Dieses Beispiel aus der jüngsten Vergangenheit zeigt deutlich, welchen Einfluss Einzelpersonen durch eine Teilnahme an einer Demonstration haben können.

Anfängermodus

Suche dir eine Demo über ein Thema, für das du dich gerne einsetzen würdest. Wenn diese Woche keine Demo stattfindet, notiere dir den Termin im Kalender, und besuche diese Demo dann.

Expertenmodus

Mache den Anfängermodus, und überzeuge zusätzlich einen oder mehrere Freunde oder Familienmitglieder, auf die Demo mitzukommen.

Tipps und Hinweise

> Schaue dir an, was Greta Thunberg mit den Demonstrationen Fridays for Future in die Wege geleitet hat. Was wäre gewesen, wenn sie sich gedacht hätte: »Was kann ich als Einzelperson schon unternehmen?«. Genau wie die Stimme von Greta ist deine Stimme lauter, als du denkst. Deshalb: Nutze sie.

> Eine weitere Möglichkeit, deiner Stimme Gehör zu verschaffen, ist, Petitionen zu unterschreiben.

5

Tag 32
Nutze dein Geld für mehr als Konsum

Heute gehen wir einen zentralen Punkt der 35 Tage an, um nicht nur dein eigenes CO_2-Budget auf ein klimaverträgliches Maß zu bringen, sondern auch andere von deinem Wirken profitieren zu lassen.

Konsum hat in unserer Gesellschaft einen hohen Stellenwert mit großen negativen Folgen für Natur, Mensch und Tier. Um den finanziellen Rebound zu umgehen, müssen wir dafür sorgen, dass Geld mehr kann, als nur für Konsum ausgegeben zu werden. Dein Haushaltsplan hilft dir dabei, Potenziale aufzudecken.

Anfängermodus

Suche dir eine Organisation, die du gerne mit einem Betrag unterstützen würdest. Idealerweise kannst du regelmäßig etwas zur Seite legen, das du für eine monatliche Spende verwendest. Aber auch eine einmalige Spende hilft Institutionen, großartige Arbeit zu leisten. Viele gemeinnützige Organisationen sind auf finanzielle Unterstützung angewiesen.

Expertenmodus

Um deinen eigenen Impact auszuweiten, legst du dein Geld am besten in nachhaltige Geldanlagen an, die dir sowohl eine Verzinsung bringen als auch CO_2-Emissionen reduzieren. Es bieten sich heute viele Möglichkeiten, Gutes mit Geld zu unterstützen und dafür eine kleine Verzinsung zu erhalten. Dazu kannst du z. B. an regionalen Projekten für erneuerbare Energien teilnehmen oder Aktien von wirklich nachhaltigen Firmen kaufen. Du kannst genauso gut Mikrokredite gewähren oder dich an GmbHs beteiligen. Auch viele Start-ups, die tolle Arbeit im Bereich Nachhaltigkeit leisten, sind auf Hilfe angewiesen. Prüfe aber jede Anlage bezüglich der möglichen Risiken zunächst genau.

Suche dir daher eine oder mehrere ökologische Geldanlage(n), in die du gerne investieren möchtest. Hole dir dazu alle nötigen Informationen ein, und mache dich mithilfe von Büchern und Webseiten schlau.

Aber überstürze nichts: Schlafe lieber ein paar Nächte über die Sache, bevor du dich entscheidest, ob und welches Angebot dich überzeugt.

Tipps und Hinweise

> Jede Handlung eines Menschen kann monetär und ökologisch bewertet werden. 1000 Handlungen am Tag sind also 1000 Möglichkeiten, seinen Fußabdruck zu reduzieren und seine finanzielle Freiheit zu erlangen!

> 10.000 Euro, angelegt in grüne Geldanlagen, reduzieren deinen Fußabdruck um zwischen 1600 Kilogramm CO_2[4] und 2200 Kilogramm CO_2 pro Jahr.[47] Du kannst also mit 50.000 Euro an ökologischen Geldanlagen ein »klimaneutrales« Leben führen und trotzdem 10 Tonnen CO_2 emittieren. Du kannst also unbegrenzt CO_2 einsparen. Reduzierst du deinen Fußabdruck z. B. auf 6 Tonnen pro Jahr, reichen also schon 30.000 Euro. Du siehst, wie wichtig es ist, seine Ausgaben zu kennen, sich mit dem Thema Finanzen auseinanderzusetzen und Geld richtig anzulegen. Jeder Euro, den du heute durch eine nachhaltige Lebensweise einsparst, spart also doppelt CO_2. Zudem kannst du die Zinsen wieder anlegen und profitierst so vom Zinseszinseffekt. So verdoppelst du nicht nur deinen Klimaschutzbeitrag, sondern potenzierst diesen.

> Um auch bei deinem Geld auf Nummer sicher zu gehen, dass du auf einer Bank »parkst«, sind folgende nachhaltige Banken in Deutschland empfohlen (keine Priorisierung oder Gewähr auf Vollständigkeit): GLS Bank, Triodos Bank, EthikBank, Umweltbank.

5

Zinseszins bei ökologischen Geldanlagen: ein Fallbeispiel

Du bist 39 Jahre alt, hast 100.000 Euro zur Verfügung und willst mit 67 in Rente gehen. Dazu legst du das Geld in verschiedenen Anlagenklassen an (Aktien nachhaltiger Firmen, Ökofonds, eigene PV-Anlage, Beteiligungen etc.) und erreichst einen durchschnittlichen Zins von 4 Prozent nach Steuern über die komplette Laufzeit. Du legst kein weiteres Geld mehr dazu. Zu Beginn deiner Rente kannst du dann auf 300.000 Euro zurückgreifen. Du hast in diesem Zeitraum 500 Tonnen CO_2 eingespart, wenn man eine mittlere CO_2-Einsparung pro 10.000 Euro von 1000 Kilogramm über die komplette Laufzeit ansetzt. Kannst du pro Jahr noch 4800 Euro (400 Euro pro Monat) zusätzlich sparen, dann hast du am Ende unglaubliche 550.000 Euro zur Verfügung und dabei über 800 Tonnen CO_2 eingespart.

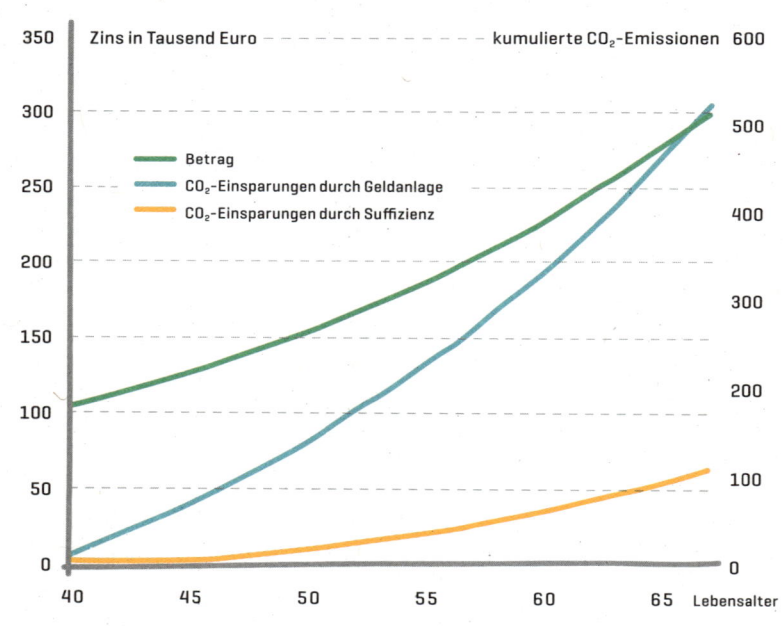

Zinseszinseffekt von grünen Geldanlagen sowohl monetär als auch ökologisch kumuliert [eigene Berechnungen]

— Betrag
— CO_2-Einsparungen durch Geldanlage
— CO_2-Einsparungen durch Suffizienz

Zins in Tausend Euro — — — — — — kumulierte CO_2-Emissionen

Lebensalter

Lebst du sehr sparsam und/oder verdienst gut und kannst im Monat 1125 Euro zur Seite legen, kannst du dich mit 67 Jahren fortan Millionär nennen! Außerdem verdienst du im letzten Jahr vor deiner Rente 38.000 Euro an Zinsen. Zudem hast du 1350 Tonnen CO_2 eingespart, also unglaubliche 1,35 Millionen Kilogramm. Reduzierst du linear deinen Fußabdruck in dieser Zeit von 10 auf klimaverträgliche 2,3 Tonnen CO_2 pro Jahr, sparst du 108 Tonnen CO_2. Klingt alles surreal? Ist es aber nicht.

Ein 30-Jähriger ohne Ersparnisse kann in neun Jahren 667 Euro pro Monat sparen, das Geld bei 4 Prozent anlegen und hat dann 100.000 Euro zur Verfügung. Es ist ein weiter Weg, dorthin zu gelangen, aber es lohnt sich allemal für dich und die Umwelt. Die Abbildung auf Seite 136 zeigt diesen Sachverhalt grafisch.

5

Tag 33
Arbeite deine Ziele aus

Wer das Ziel vor Augen hat, geht den geraden Weg. Wer seine Ziele verschriftlicht, kommt schneller an und erhöht die Wahrscheinlichkeit, diese auch zu erreichen. Eine Harvard-Studie aus den 1970er-Jahren belegt diesen Sachverhalt. Untersucht wurde bei Studenten, ob sich diese berufliche Ziele setzten und welches Gehalt nach zehn Jahren bezogen wurde. Dabei hatten 83 Prozent der Studenten keine konkreten Ziele, während 14 Prozent Ziele hatten. Lediglich 3 Prozent hielten ihre Ziele auch schriftlich fest. Erstaunlicherweise stellte sich heraus, dass Gruppe 2, die mit konkreten Zielen, später das Dreifache verdiente als Gruppe 1 ohne Ziele. Gruppe 3 toppte aber alles. Diese Gruppe konnte durch die Fixierung auf die eigenen Ziele durchschnittlich das 10-Fache an Gehalt erzielen als Gruppe 1.

Die Studie ist zwar sehr auf Geld bedacht, aber Geld ist am Ende ein guter Indikator für Erfolg. Auch in anderen Bereichen können Ziele aufgestellt und Erfolge gefeiert werden, ohne Geld verdienen zu müssen.

Anfängermodus

Du hast in den letzten Wochen viele Aspekte des Alltags auf ökologische Art kennengelernt. In welchen Bereichen hast du eine Bereicherung gewonnen, was würdest du gerne auch in der kommenden Zeit anstreben? Aufgabe des Anfängermodus ist, sich ein SMARTes Ziel zu setzen (siehe Beispiel im Hinweis), das du auf einen Monat terminierst.

Expertenmodus

Schreibe dir zwei SMARTe Ziele auf – eines, das auf einen Monat terminiert ist und einen ökologischen Aspekt berücksichtigt, und eines, das einen längeren Zeithorizont hat (z. B. ein halbes oder ganzes Jahr) und das auch andere Bereiche des Lebens abdeckt.

Tipps und Hinweise

SMART-Methode:

Spezifisch **M**essbar **A**ttraktiv **R**ealistisch **T**erminiert

> Dein Ziel sollte also präzise (S), messbar (M) und für dich er-
> strebenswert sein (A). Zudem muss das Ziel für dich realistisch
> erreichbar (R) und mit einem festen Enddatum (T) versehen sein.
>
> *Beispiel: »Ich werde mich im kommenden Monat (T) wöchent-*
> *lich zweimal (R) jeweils Dienstag und Donnerstag (M) vegan*
> *ernähren (S), um meine allgemeine Gesundheit und mein Wohl-*
> *befinden zu steigern (A).«*

> Schreibe dir dein Ziel auf. Mache dir zudem Gedanken, wo dir zur
> Erreichung dieses Ziels Steine in den Weg gelegt werden können
> und wie du diese umgehen kannst. Was machst du in dem Fall,
> wenn deine Kantine regelmäßig kein veganes Gericht anbietet
> oder die Angebote nicht nach deinem Gusto sind? Was, wenn es
> nichtveganen Kuchen bei einem Geburtstag gibt? Erwäge alle
> Optionen, die in deinem Fall wahrscheinlich sein können und die
> dich an deiner Zielerreichung hindern, und versuche Lösungen
> dafür zu finden.

> Wenn du längerfristige Ziele planst, solltest du sie regelmäßig
> auf Einhaltung überprüfen. Es ist auch hilfreich, Zwischenziele zu
> benennen, um die Attraktivität und Motivation hoch zu halten.

Tag 34
Feiere dich

Wenn du die letzten 33 Tage nochmals durchdenkst, dann kannst du stolz darauf sein, was du alles erreicht hast. Deshalb darfst du heute richtig feiern. Genieße also den Abschluss der Challenge mit deinen Liebsten, Freunden oder der Familie.

Anfängermodus

Feiere zusammen mit Freunden und/oder deiner Familie das Ende der Challenge, koche für deine Gäste ein veganes Menü, und unterhalte dich über die vergangenen fünf Wochen – aber auch alles andere ist erlaubt!

Expertenmodus

Als Experte zauberst du nicht nur ein leckeres veganes Menü, sondern nutzt außerdem nur die Lebensmittel, die in der Tabelle der 50 besten Lebensmittel enthalten sind.

Tipps und Hinweise

> Regelmäßiges Essengehen reißt ein großes Loch in den Haushaltsplan. Warum also nicht des Öfteren für Freunde oder Familie zu Hause etwas Leckeres zubereiten? Es ist zwar mit mehr Aufwand verbunden, macht aber mehr Spaß, ist nachhaltig, und du bekommst das auf den Teller, was dir und deiner Gesundheit guttut. Zumal die Zubereitung der Speisen in Restaurants meist energieintensiver als zu Hause ist, dort aufgrund der Speisekarte weniger auf Saisonalität oder Regionalität geachtet wird und viele Lebensmittel in der Gastronomie am Ende weggeworfen werden.

> Einmal wöchentlich 25 Euro eingespart, sind hochgerechnet auf 10 Jahre 13.000 Euro oder, angelegt in grüne Geldanlagen, zwischen 2 und 2,9 Tonnen CO_2 pro Jahr eingesparte Emissionen!

5

Tag 35
Erhole dich

Wow, 34 Tage sind schon vorbei. Wir hoffen, du hattest bei der Bewältigung der Challenges viel Freude und wirfst die Flinte ab jetzt nicht ins Korn, sondern arbeitest auch im Anschluss an deiner CO_2-Bilanz. Damit auch andere von deinen Erfahrungen lernen können, wäre es schön, wenn du uns über *info@oeko-rebellen.de* Feedback geben könntest.

Anfängermodus

Öffne noch einmal den CO_2-Rechner und berechne deinen CO_2-Fußabdruck, wie er sein könnte, wenn du nach der Challenge ein paar Punkte weiterverfolgst. Und danach: Lege noch einmal los, und starte den Expertenmodus.

Expertenmodus

Da du nun endgültig Experte in Sachen Umweltschutz bist, darfst du dieses Buch an Freunde oder Verwandte weitergeben.

Benutze heute trotzdem noch einmal den CO_2-Rechner und schaue, wie sich deine neue Lebensweise auf dein CO_2-Budget ausgewirkt hat.

Tipps und Hinweise

> Gratuliere, du hast die letzten 35 Tage wirklich hart gearbeitet und deinen Fußabdruck reduziert. Übernimmst du alle beschriebenen Maßnahmen aus der Einleitung und den Challenges für deinen weiteren Lebensweg, kannst du dein CO_2-Budget heute auf etwa 4 Tonnen senken, erreichst also eine Ersparnis von 6 bis 7 Tonnen gegenüber dem deutschen Durchschnitt. Wie du weißt, ist 4 Tonnen aber nicht das Ende der Reise. Bleibe also auch weiterhin achtsam in deiner Lebensführung.

Geschafft!

Fünf Wochen und 35 Challenges sind vergangen. Wir hoffen, dass du Spaß hattest und einiges für dich mitnehmen konntest. Es ist klar, dass sich nicht alle Dinge von heute auf morgen in deinen Alltag integrieren lassen. Das Gelernte gibt dir jedoch das Handwerkszeug für diese Veränderungen. Wir können nicht immer auf die Politik, Wirtschaft oder andere Organisationen warten, sondern müssen selbst das Heft in die Hand nehmen. Erneuerbare Energien, Bio-Landwirtschaft und fairer Handel sind wichtige Eckpfeiler beim Klimaschutz, aber am schnellsten etwas bewirken können wir durch unsere eigenen Verhaltensänderungen. Und dazu brauchen wir Vorbilder, die mit gutem Beispiel vorangehen, andere inspirieren und die auch einmal gegen den Strom schwimmen.

Werde auch du zum Vorbild – die Voraussetzungen dazu hast du in den letzten 35 Tagen selbst geschaffen! Auf diese Weise kannst du zum Klimahelden werden. Dabei ist es nicht wichtig, dass jeder von uns ein Held ist – aber je mehr wir sind, desto leichter wird es, den Klimawandel zu besiegen. Oder um es mit den Worten von Mahatma Gandhi auszudrücken: »*Sei du selbst die Veränderung, die du dir wünschst für diese Welt.*«

Die 50 besten Lebensmittel

In die Bewertung der Lebensmittel sind folgende Parameter eingeflossen (absteigende Wertigkeit):

- hohe Nährstoffbilanz
- gute Ökobilanz innerhalb der Lebensmittelgruppe
- hohe Vielseitigkeit und Verfügbarkeit
- Bezug mit wenig oder keiner Verpackung möglich
- erschwinglicher Preis
- lange Lagerbarkeit

Anderes frisches, heimisches Obst oder Gemüse darf und soll ebenso eingesetzt werden. Solltest du also zu anderen guten Produkten Zugang haben, greife beherzt zu.

Hast du täglich mehrere dieser 50 Nahrungsmittel auf deinem Speiseplan und über das Jahr verteilt einen Großteil oder gar alle, wirst du davon nur profitieren.

Grünes Gemüse, vor allem Blattgemüse, taucht in der Tabelle vielfach auf. Es steckt voller Chlorophyll, das ähnlich aufgebaut ist wie das menschliche Hämoglobin (roter Blutfarbstoff). Chlorophyll hilft bei der Regeneration, hält jung und ist zur Blutbildung wichtig.[7] Scheue dich also nicht, auch die

Blätter von Gemüsesorten zu verwenden, die man normalerweise nicht isst, z. B. die von Kohlrabi, Rote Bete, Radieschen, Karotten oder Blumenkohl.

Und Obst? Abgesehen davon, dass in Deutschland die Auswahl nicht so groß ist, sollten maximal zwei der fünf Portionen Obst und Gemüse auf Obst entfallen. Mit einem Fokus auf Gemüse liegst du also immer goldrichtig.

Folgende pflanzliche Lebensmittel sollte man vermeiden, um sich ausgewogen und ökologisch zu ernähren:[15, 5]

- alle Fertigprodukte (vegane Fleischersatzprodukte, Frittiertes, Ketchup, Seitan usw.)
- Getreideprodukte aus Auszugsmehlen (v. a. Weißmehle)
- Alle Produkte mit Zucker und Süßstoffen
- Alkohol (ab und zu darf aber auch gefeiert werden)
- weitere klimakritische, pflanzliche Lebensmittel: Ananas (6.990 Gramm CO_2 pro Kilogramm Lebensmittel), Cashew (3.970), Weißer/grüner Spargel (4.450), Kaffeebohne (11.085), Mango (6.570), grüner oder schwarzer Tee (7.110), Hülsenfrüchte aus der Dose (4.490), Kiwi (5.930), andere eingeflogene Südfrüchte (6.530), Gemüse außerhalb der Saison (z. B. Tomate 3.150).

Die 50 besten Lebensmittel[5-15]			
	g CO$_2$ pro kg Lebensmittel	frisch erhältlich (Lagerware)	Hinweise
Hülsenfrüchte [Auswahl begrenzt, sowohl aus ökologischen als auch aus gesundheitlichen Gründen alle Arten zu empfehlen]			
Belugalinse	980	(ganzjährig)	Breites Vitamin-B-Spektrum, hoher Gehalt an acht essenziellen Aminosäuren.
Grüne Erbse	550	(ganzjährig)	Gute Ökobilanz, vielseitig einsetzbar.
Mungobohne	980	(ganzjährig)	Viel Eisen und Magnesium, sehr viel Vitamin K, breites Spektrum an B-Vitaminen, leicht zu keimen.

Heimisches Obst

Apfel	780	August bis Oktober (November bis Mai)	Ergänzt andere Obstsorten, da er als Lagerware die Wintermonate abdecken kann.
Aprikose getrocknet	410	(ganzjährig)	Hoher Eisengehalt, hoher B2-, B3- und B5-Gehalt.
Erdbeere	270	Juli bis August	Nur heimische, nicht importierte Ware. Am besten von Selbstpflückfeldern. Hoher Vitamin-C-Gehalt, Allrounder.
Hagebutte getrocknet	0 selbstgesucht	Oktober bis Februar	Das heimische Superobst schlechthin, das ganze Jahr über einsetzbar. 6,5 g Pulver decken Vitamin-C-Bedarf eines Tages. Im Müsli mit eisenhaltigen Speisen ideal.
Heidelbeere	960	Juli bis August	B-Vitamine, Vitamin K, A, C, viele Antioxidantien. Am besten vom Selbstpflückfeld. Achtung: schnell verderblich, lässt sich aber leicht einfrieren. Anderes regionales oder eigenes Beerenobst ist ebenso empfehlenswert.
Kirsche	480	Juni bis August	Gute Ökobilanz, vielseitig einsetzbar.
Zwetschge	540	August bis September	Lecker und getrocknet als ideales Süßungsmittel für Müslis, Shakes oder im selbstgemachten Studentenfutter.

Heimisches Gemüse

Brokkoli	440	Mai bis November	Im Vergleich zu anderen Kohlsorten erhöhte CO_2-Emissionen, enthält dagegen aber viel Eiweiß. Hoher Vitamin-C-Gehalt und 2,5-fache Tagesration an Vitamin K, breites Vitamin-B-Spektrum. Stängel und Blätter können mitgegessen werden. Achtung: Verdirbt schneller als andere Kohlsorten.
Chinakohl	300	Mai bis November (ganzjährig)	Ganzjährig verfügbar. Allrounder, als Kimchi Vitamin-B12-Quelle.

Erntefrische Kartoffel	110	Juni bis November	Günstig, vielseitig einsetzbar, optimale CO_2-Bilanz, überall erhältlich. Da sich beim Lagern von Kartoffeln Giftstoffe bilden, am besten frisch verarbeiten.
Karotte	320	Juli bis November (Dezember bis Juni)	Vitamin-A-Bombe, roh und gekocht vielseitig einsetzbar, günstig.
Kohlrabi	280	Juni bis Oktober	Unterschätzter Alleskönner, roh oder gekocht. Optimale CO_2-Bilanz, lässt sich auch leicht selbst anpflanzen.
Kürbis	210	September bis November (Dezember bis Februar)	Hat unter allen stärkehaltigen Lebensmitteln die höchste Nährstoffdichte.
Pastinake	320	August bis Oktober (November bis April)	Unter Gemüse der Spitzenreiter beim Kalium- und Zinkgehalt.
Rote Bete	370	Juni bis November (ganzjährig)	Gut fürs Herz, günstig, vielseitig einsetzbar. Achtung: Oxalsäure (hemmt die Eisenaufnahme). Daher am besten kochen. Auch Blätter sind gekocht verwendbar.
Schwarzwurzel	320	August bis November (Dezember bis März)	Hat unter den Gemüsesorten den höchsten Eisengehalt. 250 g decken 50 Prozent des Tagesbedarfs an Eisen und 100 Prozent an Vitamin E.
Weißkohl	300	Juli bis November (Dezember bis Juni)	Vielseitig einsetzbar, hoher Vitamin-K- und Vitamin-C-Gehalt, als Sauerkraut Vitamin-B12-Quelle.

Heimisches grünes Blattgemüse

Bärlauch	0 selbst- gesucht	März bis April	Deckt pro 100 g 20 Prozent des Tagesbedarfs an Eisen. Super Vitamin-C-Quelle.

Brennnessel	0 selbst-gesucht	April bis Oktober (getrocknet ganzjährig)	Unter dem grünen Blattgemüse Spitzenreiter bei Eisen, Zink, Kalium, Eiweiß und Vitamin C. Getrocknet Spitzenreiter unter allen Lebensmitteln bei Calcium und der essenziellen Aminosäure Tryptophan. Alle essenziellen Aminosäuren in großen Mengen.
Feldsalat	270	Dezember bis April (frisch aus unbeheiztem Treibhaus)	Super CO_2-Bilanz, gute Eisenquelle.
Grünkohl	300	Oktober bis Januar (Februar bis März)	Sehr viel Vitamin K, C und A, hoher Eisenwert, viel Eiweiß und Vitamin B9. Sehr gute CO_2-Bilanz.
Löwenzahn	0 selbst-gesucht	April bis Juni und Spätsommer	Vitamin-A-Bombe, gepflückt umsonst, hoher Eisengehalt.
Rosenkohl	570	Oktober bis Dezember (Januar bis März)	Hoher Eiweißgehalt, Vitammin-B9-Quelle, Vitamin K, C und Kalium.
Spinat	140	Mai bis November	Gekocht sehr gute Eisenquelle (Achtung: Oxalsäure enthalten, hemmt die Eisenaufnahme)

Getreide oder Pseudogetreide

Amaranth	590	(ganzjährig)	Hoher Eiweißgehalt unter Getreide, hoher Anteil an Magnesium, Eisen und Zink, enthält essenzielle Aminosäure Lysin. Trotz seiner Herkunft weniger kritisch als Chia oder Quinoa. Super Ökobilanz. Amaranth aus Europa bevorzugen.
Buchweizen	840	(ganzjährig)	Vielseitig einsetzbar, gutes Vitamin-B-Profil, enthält acht essenzielle Aminosäuren. Leicht zu keimen oder als Mehl einsetzbar.
Dinkel	870	(ganzjährig)	Hoher Eiweißgehalt, vielseitig einsetzbar.
Haferflocken	880	(ganzjährig)	Günstig, vielseitig einsetzbar, breites Nährstoffspektrum.

Roggenvoll-korn	340	(ganzjährig)	Super CO_2-Bilanz als Getreide (vergleichbar mit Gemüse), als Sauerteigbrot ideal.

Gewürze

Chili getrocknet	1390	(ganzjährig)	Vitamin-A-Quelle.
Hefeflocken	k. A.	(ganzjährig)	Hoher Eiweißgehalt, Vitamin-B1-, B2-, B3-, B5-, B6-, B7- und B9-Quelle, hoher Eisengehalt, aber teuer. Als Nahrungsergänzungsmittel gut integrierbar.
Kräuter (getrocknet)	Eigene 0, sonst 620	(ganzjährig)	Sehr gute Nährstoffbilanz. Getrocknet oder eingefroren ganzjährig verwendbar.
Kreuzkümmel	620	(ganzjährig)	Vitamin-B2- und -B5-Quelle, hoher Calcium- und Magnesiumanteil, 5 g deckt etwa 25 Prozent des Tagesbedarfs an Eisen.
Tomatenmark	1910	(ganzjährig)	Viele Antioxidantien, das Gute der Tomate konzentriert, vielseitig einsetzbar.
Zitronensaft	460	(ganzjährig)	Vielseitig einsetzbar, reich an Elektrolyten.

Heimische Nüsse

Haselnuss	2700	(ganzjährig)	Breites Spektrum an Mineralstoffen und Spurenelementen, Vitamin-B7- und Vitamin-E-Quelle.
Walnuss	2130	(ganzjährig)	Omega-3-Fettsäuren-Quelle, viele Antioxidantien, reich an B-Vitaminen, Zink und Kalium, hoher Eiweißanteil.

Öl und Ölsaat

Hanfsaat	k. A.	(ganzjährig)	Als Pflanze robust, d. h. ohne Dünger und Pestizide anbaubar. Heimische Ölsaat, vielseitig einsetzbar, Eiweißquelle mit allen neun essenziellen Aminosäuren, Eisen-, Magnesium- und Omega-3-Fettsäuren-Quelle, ballaststoffreich.

Kürbiskern	1060	(ganzjährig)	Hoher Eiweißgehalt.
Leinsamen	880	(ganzjährig)	Heimisches Superfood, günstig und geringe CO_2-Bilanz.
Mohn	k.A.	(ganzjährig)	Calciumquelle, hoher Eisengehalt.
Rapsöl	1950	(ganzjährig)	Günstiges und trotzdem hochwertiges Öl. Kann zum Anbraten verwendet werden. Beste CO_2-Bilanz unter Ölen und in Deutschland anbaubar. Laut Ökotest schneiden vor allem raffinierte statt native Rapsöle gut ab.
Sonnen-blumenkern	880	(ganzjährig)	Vitamin-B-Bombe, vielseitig einsetzbar, gute CO_2-Bilanz, günstig, sprossierbar.
Sonstiges			
Pfifferling	0 selbst-gesucht	(ganzjährig)	Vegane Vitamin-D-Quelle. 200 g decken nahezu den Tagesbedarf an Eisen. Auch andere Pilze sind sehr zu empfehlen.
Zuckerrüben-sirup	k.A. (Zucker-rüben 340)	(ganzjährig)	Schlägt alle Zuckeralternativen beim Calcium-, Kalium-, Eiweiß- und Eisengehalt. 100 g enthalten 120 Prozent des Tagesbedarfs an Eisen. Heimisch, basisch, Glukose-Fruktose-Verhältnis 1:1.
Getränke/Flüssigkeiten			
Apfelessig	Eigener 0, sonst 3280	(ganzjährig)	Selbst herstellbar, für Salate ideal, in wenigen Mengen basisch.
Kräutertee (heimisch, getrocknet)	Eigener 0, sonst 1920	(ganzjährig)	Basisch im Gegensatz zu allen anderen Teesorten, selbst herstellbar.
Leitungs-wasser	0,2	(ganzjährig)	Sehr gute CO_2-Bilanz.

Danksagung

Es ist unglaublich, welch positive Resonanz wir erhalten haben, während sich das Buch im Crowdfunding befand. Das positive Feedback gab uns immer wieder Antrieb in Momenten des Zweifels. Dafür möchten wir euch danken.

Neben all denjenigen, die uns durch einen finanziellen Betrag unterstützt haben, möchten wir uns besonders bei folgenden Privatpersonen, Firmen und Organisationen bedanken, die uns mit einem höheren Betrag unterstützt haben:

- Alois Hohler
- Katharina Maier
- Viktoria Meyer (danke auch an deine Eltern)
- FEIN.GOLD Regensburg
- **Triodos ⊛ Bank**
- Green City Energy
- Katholische Jugendfürsorge Regensburg
- Johannes-Turmair-Gymnasium Straubing (im Speziellen Evelyn Loher)

Außerdem gilt unser Dank dem Portal *www.goodnews-for-you.de*. Wir durften uns hier wöchentlich mit einem »Ökotipp der Woche« präsentieren, um das Crowdfunding voranzutreiben. Dafür möchten wir Isolde Hilt und ihren Kolleginnen und Kollegen für ihren unermüdlichen Einsatz danken.

Da wir Brüder sind, ist es naheliegend, dass wir unseren Eltern Helmut und Monika danken, die uns dieses Leben ermöglicht haben, ohne uns Steine in den Weg zu legen oder irgendwelche Einwände zu haben. Dank gilt auch unseren Frauen Simone und Simone, die ein paar Wochenenden auf uns verzichten mussten, uns aber immer den Rücken freigehalten haben, damit wir das Buchprojekt umsetzen konnten.

Weiterführende Literatur

Brazier, B. (2013): *Vegan in Topform.* Unimedica, Kandern.

Covey, S. R. (2018): *Die 7 Wege zur Effektivität. Prinzipien für persönlichen und beruflichen Erfolg.* Gabal, Offenbach am Main.

Feld, M. (2018): *Dr. Felds große Schlafschule. Endlich wieder durchschlafen und erholt aufwachen.* Gräfe und Unzer, München.

Paech, N. (2012): *Befreiung vom Überfluss. Auf dem Weg in die Postwachstumsökonomie.* oekom, München.

Smarticular (2018): *Fünf Hausmittel ersetzen eine Drogerie. Einfach mal selber machen!* Smarticular, Berlin.

Quellen

1 WBGU (2014): Sondergutachten. Klimaschutz als Weltbürgerbewegung.

2 IPCC (2018): IPCC-Sonderbericht über 1,5 °C globale Erwärmung.

3 Statista: Pro-Kopf-CO_2-Emissionen nach ausgewählten Ländern weltweit im Jahr 2016 (in Tonnen). Online: www.statista.com/statistik/daten/studie/167877/umfrage/co-emissionen-nach-laendern-je-einwohner/.

4 KlimAktiv: CO_2-Rechner. Online: www.uba.co2-rechner.de.

5 Klimateller: Der leckere Klimaschutz. Online: www.klimateller.de.

6 Brazier, B. (2016): Vegan in Topform – Das Kochbuch. 200 pflanzliche Rezepte für optimale Leistung und Gesundheit. Unimedica, Kandern.

7 Nutritional Software: Nährwerte von Lebensmitteln. Online: www.nutritional-software.at/content/nuts-service/naehrwert-suche/.

8 Bingemer, S. (2015): Superfood. Kraftpakete aus der Natur. Gräfe und Unzer, München.

9 Brazier, B. (2013): Vegan in Topform. Unimedica, Kandern.

10 Brazier, B. (2014): Vegane Fitness. Unimedica, Kandern.

11 Bustorf-Hirsch, M. (1988): Keime und Sprossen in der Naturküche. Falken Verlag, München.

12 Verstegen, M. (2015): Jeder Tag zählt. Riva, München.

13 WWF: Essen im Rhythmus der Natur. Gemüse und Obst aus unserer Region. Online: www.wwf.de/fileadmin/fm-wwf/Publikationen-PDF/Saisonkalender-Essen_im_Rhythmus_der_Natur.pdf.

14 Gartenjournal: Hagebutten ernten – wie geht's richtig? Online: www.gartenjournal.net/hagebutten-ernten.

15 Zentrum der Gesundheit: Saure und basische Lebensmittel. Online: www.zentrum-der-gesundheit.de/pdf/tabelle_saure-und-basische-lebensmittel.pdf.

16 Statista: Pro-Kopf-Konsum von Bier in Deutschland in den Jahren 1950–2018 (in Liter). Online: www.statista.com/statistik/daten/studie/4628/umfrage/entwicklung-des-bierverbrauchs-pro-kopf-in-deutschland-seit-2000/.

17 Statista: Pro-Kopf-Verbrauch von Bier, Wein, Schaumwein und Spirituosen in Deutschland in den Jahren 2008 bis 2017 (in Liter). Online: www.statista.com/statistik/daten/studie/5384/umfrage/verbrauch-je-einwohner-an-alkohol-in-deutschland-seit-1990/.

18 Statista: Pro-Kopf-Konsum von Frischmilcherzeugnissen in Deutschland nach Art in den Jahren 2000 bis 2018 (in Kilogramm). Online: www.statista.com/statistik/daten/studie/318271/umfrage/pro-kopf-konsum-von-frischmilcherzeugnissen-in-deutschland-nach-art/.

19 Statista: Pro-Kopf-Konsum von Heißgetränken in Deutschland nach Art in den Jahren 2000 bis 2017 (in Liter). Online: www.statista.com/statistik/daten/studie/5271/umfrage/pro-kopf-verbrauch-an-heiss-getraenken-in-deutschland-seit-2000/.

20 Robbins, T. (2015): Money. Die 7 einfachen Schritte zur finanziellen Freiheit. FinanzBuch Verlag, München.

21 Atmosfair: Nachdenken, klimabewusst reisen. Online: www.atmosfair.de.

22 Paech, N. (2012): Befreiung vom Überfluss. Auf dem Weg in die Postwachstumsökonomie. oekom, München.

23 Kraftfahrzeugbundesamt (2019): Jahresbilanz des Fahrzeugbestandes am 1. Januar 2019. Online: www.kba.de/DE/Statistik/Fahrzeuge/Bestand/bestand_node.html.

24 Becker, S. (2017): Voll Fett. Ökotest 32–38.

25 Sonnenseite (2018): Papierhandtuch-Abfall: 66.800 Tonnen Müll jährlich. Online: www.sonnenseite.com/de/umwelt/papierhandtuch-abfall-66.800-tonnen-muell-jaehrlich.html.

26 Utopia (2016): Deutsche Supermärkte schmeißen pro Minute 288 Kilogramm Bananen weg. Online: www.utopia.de/deutsche-supermaerkte-schmeissen-pro-minute-288-kilo-bananen-weg-32367/.

27 Löhe, F.: EU-Verbot von Einwegprodukten. Arm durch Plastik. Tagesspiegel 2019.

28 WWF (2011): Wald steckt da, wo wir ihn nicht erwarten. Online: www.wwf.de/fileadmin/fm-wwf/Publikationen-PDF/HG_Papierverbrauch_Februar_2011.pdf.

29 Albert Schweitzer Stiftung (2018): Warum Sojawurst nicht dem Regenwald schadet. Online: www.albert-schweitzer-stiftung.de/aktuell/warum-sojawurst-nicht-dem-regenwald-schadet.

30 HIIT Together (2019): Berechne deinen täglichen Kalorienbedarf. Online: www.hiit-together.de/kalorienrechner/.

31 Mende, A. (2011): Vitamin-D-Mangel ist weit verbreitet. Pharmazeutische Zeitung.

32 Global Carbon Project. n. d. Entwicklung des weltweiten CO_2-Ausstoßes in den Jahren 1995 bis 2017 (in Millionen Tonnen). Statista. Zugriff am 28. März 2019. Verfügbar unter https://de.statista.com/statistik/daten/studie/208750/umfrage/weltweiter-co2-ausstoss/.

33 Rettet den Regenwald e.V.: Fragen und Antworten zu Palmöl. Online: www.regenwald.org/themen/palmoel/fragen-und-antworten#start.

34 Rettet den Regenwald e.V.: Palmöl – Der Tod des Regenwalds. Online: www.regenwald.org/themen/palmoel#start.

35 WWF (2018): Palmöl. Online: www.wwf.de/themen-projekte/landwirtschaft/produkte-aus-der-landwirtschaft/palmoel.

36 KlimAktiv: CO_2-Rechner. Online: www.uba.co2-rechner.de.

37 Bundeszentrale für politische Bildung (2017): Jährliche Änderung des Waldbestandes. Online: www.bpb.de/nachschlagen/zahlen-und-fakten/globalisierung/52727/waldbestaende.

38 Öko-Institut e.V.: Nachhaltige Produktentwicklung mit Ökobilanzen und Product Carbon Footprints. Online: www.oeko.de/forschung-beratung/themen/konsum-und-unternehmen/produktentwicklung-mit-oekobilanzen.

39 Feld, M. (2018): Dr. Felds große Schlafschule: Endlich wieder durchschlafen und erholt aufwachen. Gräfe und Unzer, München.

40 Depner, C. M./Melanson, E. L./Eckel, R. H. (2019): Weekend recovery sleep fails to prevent metabolic dysregulation during a repeating pattern of insufficient sleep and weekend recovery sleep. Verlag, Ort.

41 Blog »Nachhaltig sein« (2015): Leitungswasser vs. Mineralwasser: Ein Vergleich. Online: www.nachhaltig-sein.info/lebensweise/leitungswasser-mineralwasser-vergleich-nachhaltigkeit-gesundheit.

42 Hummel, T. (2017): Sieben Tipps zur digitalen Entgiftung. Süddeutsche Zeitung. Online: www.sueddeutsche.de/leben/digital-detox-sieben-tipps-zur-digitalen-entgiftung-1.3754567.

43 Grabolle, A. / Loitz, T. (2007): Pendos CO_2-Zähler. Pendo, Zürich.

44 Klassewasser (2019): Berliner Wasser ist umweltfreundlich. Online: www.klassewasser.de/content/language1/html/2269.php.

45 Eigene Darstellung.

46 Zeug, K. (2013): Mach es anders! ZEIT Online: www.zeit.de/zeit-wissen/2013/02/Psychologie-Gewohnheiten.

47 Green City Energy, Persönliche Mitteilung von Februar 2019.

Register

Bildnachweis

Benjamin Eckert S. 55, 77
Fabian Eckert S. 84, 112
Adobe Stock S. 7 blacksalmon, S. 8 Nicola, S. 11 Tuksaporn, S. 13 Vladimir Melnikov, S. 14 Day-light Photo, S. 22, 34 Halfpoint, S. 25 PhotoSG, S. 28, 110 vegefox.com, S. 31 olsima, S. 36 VTT Studio, S. 38 Stillfx, S. 41 momius, S. 44 ji_images, S. 47 rh2010, S. 51 JackF, S. 53 jayzynism, S. 59 sasha1806, S. 62 Bastian Weltjen, S. 64 zephyr_p, S. 66 gorosi, S. 68, 117 Pixel-Shot, S. 70 browneyesboyua, S. 71 Vera Kuttelvaserova, S. 72 Trendsetter, S. 78, 79 Delphine, S. 80 Christine, S. 85 ikostudio, S. 86 Jacob Lund, S. 88 DragonImages, S. 90 Piman Khrutmuang, S. 92 weerachaiphoto, S. 93 georgejmclittle, S. 94 auremar, S. 96 Marco2811, S. 97 Polina Wlasowa, S. 98 Ivan Kruk, S. 99 uckyo, S. 102 Andrey Popov, S. 103 Wolfgang Jargstorff, S. 104 Nomad Soul, S. 105 trongnguyen, S. 108 Wayhome Studio, S. 114 Ram, S. 116 Aleksey Zakharov, S. 118 luckybusiness, S. 120 Lightfield Studios, S. 122 flairimages, S. 125 Bonsales. S. 126 Piotr Wawrzyniuk, S. 129 pingpao, S. 132 Natalia Klenova, S. 137 Photographee.eu, S. 139 iuricazac, S. 140 Rawpixel.com
Pixabay S. 18 Free-Photos, S. 27 kaboompics, S. 56 ElasticComputeFarm, S. 60 adege, S. 75 silviarita, S. 83 JillWellington, S. 95 955169, S. 100 LubosHouska, S. 101 Desertrose, S. 107 moerschy, S. 135 nattanan23, S. 143 athree23, S. 144 ulleo
Ines Swoboda, oekom S. 21
www.kreativlaborberlin.de S. 82

Nachhaltigkeit
bei oekom

Die Publikationen des oekom verlags ermutigen zu nachhaltigerem Handeln: glaubwürdig & konsequent – und das schon seit 30 Jahren!
Bereits seit 2017 verzichten wir bei den meisten Büchern auf das Einschweißen in Plastikfolie. In unserem Jubiläumsjahr machen wir den nächsten Schritt und weiten den Plastikverzicht auch auf alle ab 2019 erscheinenden Hardcovertitel aus.
Auch sonst sind wir weiter Vorreiter: Für den Druck unserer Bücher und Zeitschriften verwenden wir vorwiegend Recyclingpapiere (mehrheitlich mit dem Blauen Engel zertifiziert) und drucken mineralölfrei. Unsere Druckereien und Dienstleister wählen wir im Hinblick auf ihr Umweltmanagement und möglichst kurze Transportwege aus. Dadurch liegen unsere CO_2-Emissionen um 25 Prozent unter denen vergleichbar großer Verlage. Unvermeidbare Emissionen kompensieren wir zudem durch Investitionen in ein Gold-Standard-Projekt zum Schutz des Klimas und zur Förderung der Artenvielfalt.
Als Ideengeber beteiligt sich oekom an zahlreichen Projekten, um in der Branche einen hohen ökologischen Standard zu verankern. Über unser Nachhaltigkeitsengagement berichten wir ausführlich im Deutschen Nachhaltigkeitskodex (www.deutscher-nachhaltigkeitskodex.de). Schritt für Schritt folgen wir so den Ideen unserer Publikationen – für eine nachhaltigere Zukunft.

Dr. Christoph Hirsch
Programmplanung und
Leiter Buch

Anke Oxenfarth
Leiterin Stabsstelle
Nachhaltigkeit

Über die Autoren

FABIAN ECKERT,   Jahrgang 1988, kämpft seit 2008 aktiv für den Klimaschutz. Sein Fokus liegt dabei auf nachhaltigen Energiekonzepten. Er studierte Regenerative Energien und Energieeffizienz an der OTH Regensburg. Als Experte für Energiespeicher arbeitete er sechs Jahre lang an der Forschungsstelle Energienetze und Energiespeicher. Heute arbeitet er als Gesellschafter bei Consolinno Energy an der Zukunft der Energie. Und weil Energie nicht alles ist, verzichtet Fabian Eckert gern aufs Auto und ernährt sich vegan.

BENJAMIN ECKERT,   Jahrgang 1985, studierte Betriebswirtschaftslehre an der Steinbeis-Hochschule Berlin und ist heute Abteilungsleiter bei einem der weltweit führenden Logistikdienstleister. Der Wirtschaftswissenschaftler kam über die Umstellung auf eine umweltfreundliche Ernährungsweise zum aktiven Klimaschutz, ohne vorher viel über einen nachhaltigen Lebensstil nachgedacht zu haben. Aus seiner eigenen Erfahrung heraus ist er überzeugt, dass jeder seinen Teil zum Kampf gegen die Klimakrise beitragen kann – auch ohne umfassendes Vorwissen.

Anders reisen leicht gemacht

Frank Herrmann

FAIRreisen
Ein Handbuch für alle, die umweltbewusst unterwegs sein wollen

oekom verlag, München
336 Seiten, Paperback,
19,95 Euro
ISBN: 978-3-86581-808-9
Erscheinungstermin:
25.07.2016
Auch als E-Book erhältlich

»Der Tourismus der Zukunft ist sozial verträglich, klimafreundlich und politisch korrekt.«
Frank Herrmann

»Individuell, sauber, fair« – nach dieser Devise ist Frank Herrmann unterwegs. Wie das geht, zeigt er in seinem Handbuch FAIRreisen. Neben vielen Tipps und Adressen informiert das Buch umfassend über die Umweltauswirkungen des Tourismusbooms.

oekom.de   DIE GUTEN SEITEN DER ZUKUNFT

Dein Weg in ein bewusstes Leben

Utopia, Franz Grieser

Meine Reise nach Utopia
Das Journal für ein nachhaltiges Leben

oekom verlag, München
224 Seiten, Hardcover,
komplett vierfarbig,
mit Lesebändchen und
Gummiband; 24 Euro
ISBN: 978-3-96238-126-4
Erscheinungstermin:
07.10.2019
Auch als E-Book erhältlich

»Ein Begleiter, der Mut macht und inspiriert.«
Utopia

Plastik vermeiden, saisonal einkaufen und, statt zu fliegen, einfach »anders reisen« – Tipps für ein nachhaltiges Leben gibt es viele. Doch wo soll man anfangen? Das Journal lädt ein, sich auf den Weg zu machen und Schritt für Schritt in ein bewusstes Leben zu starten.

oekom.de   DIE GUTEN SEITEN DER ZUKUNFT

WE ARE THE ENERGY OF A GREEN CITY